Mosaik bei
GOLDMANN

*Buch*

Das Buch für den Hund von Welt! So genannte Hunderatgeber gibt es viele, doch kaum ein Buch nimmt sich des Problems an, wie ein Hund seinen Menschen erziehen soll. Heiter, nachdenklich und endlich einmal aus der Sicht des Hundes gibt Winnie Wedel wichtige Anstupser für ein zufriedenes Alltagsleben des Vierbeiners mit seinem lernbedürftigen Freund.

Und nicht nur der Hund, auch der Mensch kann aus diesem Buch lernen. Hier wird dem Hundehalter von seinem treuen Gefährten ein Spiegel vorgehalten und auf die eigenen Fehler im Umgang mit dem Haustier aufmerksam gemacht. Winnie Wedel klärt auf über Missverständnisse zwischen Mensch und Hund: so ist laut Winnie das Schwanzwedeln nicht immer nur Ausdruck der Freude, sondern kann eine ganze Palette von Gefühlen bedeuten. Oder der Mythos vom Stöckchenwerfen: Hunde tun das nicht aus Spaß, nein, vielmehr wollen sie einem sagen, dass das Geworfene nicht schmeckt! Und was nicht schmeckt, lässt man doch auch in der Menschenwelt zurückgehen, oder?

*Autorin*

In ihrer langjährigen Erfahrung als Halterin und Freundin von Zweibeinern ist Winnie Wedel zur wahren Kennerin herangereift. In aufopferungsvoller Liebe und Geduld ist es ihr gelungen, ihrem Rudel – dem Münchner Autorenpaar Angela und Andreas Hopf – das nötige Grundwissen beizubringen, um an diesem ultimativen Menschen-Ratgeber für Hunde mitzuarbeiten.

Winnie Wedel

# Der Hund und sein Mensch

Wie man *Zweibeiner* erzieht

Mosaik bei
GOLDMANN

Für Amber, die Einzigartige

FSC
Mix
Produktgruppe aus vorbildlich
bewirtschafteten Wäldern und
anderen kontrollierten Herkünften

Zert.-Nr. SGS-COC-1940
www.fsc.org
© 1996 Forest Stewardship Council

Verlagsgruppe Random House FSC-DEU-0100
Das FSC-zertifizierte Papier *Munken Print* für Taschenbücher aus dem
Goldmann Verlag liefert Arctic Paper Munkedals AB, Schweden.

2. Auflage
Vollständige Taschenbuchausgabe Mai 2005
Wilhelm Goldmann Verlag, München,
in der Verlagsgruppe Random House GmbH

Umschlaggestaltung: Design Team München
Illustrationen: Angela Hopf
Satz: Filmsatz Schröter GmbH, München
Druck und Bindung: GGP Media GmbH, Pößneck
WR/BS · Herstellung: Han
Printed in Germany
ISBN 10: 3-442-16664-0
ISBN 13: 978-3-442-16664-0

www.goldmann-verlag.de

## *Mit einem Menschen schafft man sich auch ein Stück Verantwortung an.*

Ich wende mich hier an die rund fünf, wahrscheinlich eher acht Millionen mehr oder weniger offiziell registrierten Hunde hierzulande - wir sind keine Minderheit, und wir lassen uns keinen Maulkorb umbinden. Und da statistisch belegt ist, dass Hundefreunde deutlich länger leben als Menschen ohne Tiere - so mag auch der eine oder andere Zweibeiner Nutzen und Anregungen aus der Lektüre ziehen.

Menschen begleiten Hunde seit Anbeginn, und in vielerlei Hinsicht haben sie sich als nützlich, ja wertvoll erwiesen. In der Mehrzahl sind sie treue Gefährten. Doch zeigen sie sich in der zuweilen etwas hochgejubelten Beziehungskiste immer mal wieder als naive Toren, die weder von menschlicher Gesittung noch von einem Grundverständnis im Umgang mit Hunden auch nur die blasseste Ahnung haben. Und das, obwohl mittlerweile mehr als siebenhundert Bücher zum Thema greifbar sind.

Natürlich lieben wir Hunde unsere Menschen, etwas Besseres - ich meine außer anderen Hunden - findest du nicht. Jeder von ihnen hat eine ungeheure Bedeutung für jeden einzelnen Hund, selbst wenn dessen Mensch schwach und haltlos, gehfaul, begriffsstutzig, untreu oder sogar wasserscheu ist - von grassierendem Reinlichkeitswahn und Schlimmerem einmal abgesehen.

Diese ahnungslosen, von des Gedankens Blässe angekränkelten Menschen stellen sich vor, das tätschelbare und wedelnde Objekt da zu besitzen - als Halter, wie es so schön heißt - und Herr oder Frau der Sache zu sein. Als seien wir Stofftiere und nicht eigenständige Wesen mit eigenen Gefühlen.

Ja, wir lieben unsere Menschen, so sehr, dass es einem manchmal die Wonneschauer schmerzlich über Bauch und Rücken treibt. Aber man gibt sich nicht selbst auf, wenn man sich in der Liebe eines anderen verliert.

Ein Hund macht keinen Unterschied zwischen seiner Liebe und seinem Verhalten, das ist immer eins, in jedem Augenblick. Nur beim Menschen, der all seine Empfindungen immer erst durch den Kopf drehen muss, bleibt ein Unterschied zwischen Fühlen und Tun, und in dieser Kluft liegt alle menschliche Tragik und Traurigkeit. Das muss man erst mal verstehen.

Diese nahezu sprachlosen, gehör- und augenlosen, schmeckfreien und überdies völlig nasenlosen Wesen, die wir Menschen nennen und die nichts Eiligeres zu tun haben als aus all ihren Mängeln heraus sich allsogleich auf ihre angeblich so vorteilhafte Vernunft zu berufen, welche freilich gerade ihr Dilemma ist, diese Wesen, will ich sagen, ehe ich mich noch in diesem Satz verheddere, brauchen rundherum unsere Zuwendung. Vergessen wir nicht: Mit einem Menschen schafft man sich ein Stück Verantwortung an.

Hier soll der Mensch wahrlich nicht verhundlicht werden. Diese Gefahr liegt nahe, weil man leicht dazu neigt, die eigene Schwanzlänge als einziges Maß anzulegen. Das wäre reichlich einfältig. Der Mensch interpretiert uns Hunde ja durchaus eher als Menschen mit vier Pfoten, als rührende, wenngleich ein wenig zurückgebliebene Wesen, ganz ähnlich ihren Kindern. Umge-

kehrt dürfen wir diesen Fehler nicht machen, denn bei aller Gemeinsamkeit ist er ein eigenwilliges, wenn auch etwas merkwürdiges, kann man sagen: Gebilde. Irgendwie ein Stück verbogener Natur. Kopfig eben, und das ist das Hauptproblem. Wir müssen uns in den Menschen einzufühlen versuchen, und das mit nachdenklicher Anteilnahme und liebendem Verständnis.

Schon immer war es die Pflicht von Hunden, den Menschen zu erziehen, doch ist ihnen das niemals erklärt, niemals beigebracht worden. Diese Aufgabe verlangt nämlich Mut und Selbstvertrauen, vor allem aber den Glauben, dass Frauchen und Herrchen fähig sein werden, die Entwicklung des Hundes und ihre eigene zu ertragen. Umgekehrt natürlich ebenso: Auch wir müssen lernen, die Entwicklung des Menschen auszuhalten.

Dieses innere, wenn nicht innige Gefühl wird von allem Anfang an durch die Illusion verschleiert, der Mensch wisse alles, er sorge für uns und beherrsche uns, und wir seien dumm und unterwürfig. Indessen muss jede Beziehung, besser: jede Liebe, täglich, minütlich, sekündlich neu und frei gelebt werden – sonst entstehen Schuldgefühle und Knarzigkeiten, die unser gemeinsames Leben belasten. Eben nicht darf man den Menschen wie einen Hund sehen, der zufällig bloß zwei Beine hat und der mehr oder weniger nackt ist, dazu mit zahlreichen und keinesfalls schönen Domestikationserscheinungen. Die älteste Freundschaft der Welt besteht nämlich auch aus zahllosen Missverständnissen, von denen ich hier einige aufklären will.

Keinesfalls sollten wir unseren Menschen verhätscheln, ihn freilich auch nicht unterdrücken, womöglich sein Selbstbewusstsein knicken, sodass er *nur* noch tut, was wir ihm sagen. Dergleichen macht Menschen neurotisch. Das klingt so ernst, dabei geht alles im Spaß und im Spiel! Sicher: So richtig erwachsen werden wir

nie, wir Hunde, denn da ist ja immer unser Mensch, der auf uns aufpassen, uns mit Futter versorgen, sich überhaupt um uns sorgen will und dadurch sich wie uns mehr und mehr abhängig macht, einlullt – in solcher Obhut lässt sich gut und gern juvenil sein, na ja, seelisch ein Welpe bleiben (bei Menschen gibt's das schließlich auch). Aber leb das mal. Gar nicht so einfach. Ausgewachsen und irgendwie ein Kind. Und das bei Menschen von so begrenztem Verstande …

Bei alledem darf man nicht vergessen, dass Frauchen- und Herrchensein keineswegs weniger schwierig ist als Hundsein. Hund ist man schon immer, gewöhnt man sich leicht dran, doch der Mensch eines Hundes zu sein, muss in Wirklichkeit erlernt, ja hart erarbeitet werden.

Wer also Wert darauf legt, seinem Menschen ein einigermaßen guter Hund zu sein, wer ihn anständig behandeln und gut erziehen will, der muss sich eine Gefahr klar machen: Der Hund hat allzu schnell gar keine Verantwortung mehr, alles nimmt ihm der Mensch ab, und der Hund landet unversehens in den Fängen von Spezialisten (und wer etwa wäre kein Hundespezialist?).

Wie leicht dreht sich alles um den Hund. Und wie rasch entstehen nun da wieder Schuldgefühle. Hach, kompliziert! Jedenfalls bedarf es unerschöpflicher Geduld mit den Menschen, großen Pfotenspitzengefühls und auch der Achtung, die man dem Schwachen schuldet.

Wer Menschen terrorisiert, ihre Kochkünste herabwürdigt, ihre Lauffaulheit bekrittelt, ihre Irrtümer und Fehler mit Dauerbellen und Krätze oder gar Briefträgerbeißen beantwortet, der läuft Gefahr, sie auf Jahre hinaus zutiefst zu verunsichern. Der gewitzte Hund wird sich in die Menschen und ihre Probleme einleben, wird ihre Fortschritte würdigen und zu alledem eine Sprache finden, die sie verstehen können.

Ohne jeden Übermut stelle ich fest: Hunde verfügen über ein wesentlich differenzierteres Gefühlsleben als Menschen. Ich will die Sache mit dem Zwischenhirn und der Großhirnrinde hier nicht hervorkramen, da gibt es Berufenere. Dass Menschen sich oft hirnrissig verhalten, steht aber völlig außer Zweifel. Es hängt dies mit der bereits mehrfach erwähnten Kopfigkeit zusammen.

Denn einer der vielen beim Menschen auftretenden Mängel ist sein unterentwickeltes Einfühlungsvermögen. Und wenn es einen Meister des EQ gibt - des Emotionalen Quotienten, von dem jüngst immer lauter die Rede geht -, dann ist es zweifelsohne der Hund.

Wir Hunde haben keinen sechsten Sinn, wie mancher Wissenschaftler uns unterstellt - wir haben alle unsere Sinne gut beisammen. Das ist das ganze Geheimnis. Nur der Mensch vermag sich auf einen sechsten Sinn zu berufen: den Unsinn. Das wollen wir mal festhalten. Zur Erinnerung: Mit dem Begriff *Hundenarren* sind immer Menschen gemeint.

Darum, alles in allem, ist es wichtig, die Menschen nicht zu belügen, nichts brauchen sie mehr als Aufrichtigkeit und guten Willen. Das ist umso schwieriger, als Menschen um Lügen gelegentlich geradezu zu betteln scheinen. Ich kenne Hunde, die als Kinderersatz dienen müssen, andere sollen die Rolle von Auftragsbeißern spielen, wieder andere die von Plüschtieren oder gar beziehungslosen Gegenständen des täglichen Gebrauchs. So manchem Hund wird abverlangt, in die Rolle einer Katze zu schlüpfen. Dem entsprechen zu wollen, wäre ein großer Fehler, denn die Menschen verharren in solchen Täuschungen. Man muss sie immer und immer wieder auf die Wahrheit stupsen: Siehe, ich bin ein Hund. Sonst bleiben die Menschen lebenslang abhängig und unselbstständig, sind so eben kein Partner. Man muss ihnen das absolute Gefühl ihrer Nützlichkeit und Gleichberechtigung lassen, andernfalls werden sie mürrisch und greisenhaft oder unheimliche Flegel, die sich im gemeinsamen Nest, wenn ich das mal so ausdrücken darf, unverschämt breit machen.

# Dein Freund mit den zwei Beinen – eine alte Beziehungskiste

Ja, man muss sie einfach gern haben, die Menschen. Rührend, wie sie sich im Lauf der Entwicklung den Bedürfnissen von uns Hunden angepasst und welche Gesellschaftsfähigkeit - soziale Kompetenz sagt man wohl heute - sie dabei errungen haben. Doch es hapert an allen Ecken und Enden, vornehmlich an praktischer Vernunft. Der Hund konnte den Menschen nicht davor bewahren, magischen oder mythischen Vorstellungen nachzuhängen, wie etwa jenen, er selbst sei die Krone der Schöpfung, er könne herrschen über alles, was da kreucht und fleucht, er müsse allzeit das Sagen haben. Auch atavistische Denkweisen wie die hemmungslose Vergötzung der Vierrädrigkeit statt eben der Vierbeinigkeit waren ihm niemals wirklich auszutreiben.

Dennoch, beim Sirius und dem Rudel seiner Hundsgestirne, ich sage euch: Der Hund ist das weitest entwickelte Wesen, das wir auf unserem kleinen Planeten hier kennen. Zum Beweis ein Blick zurück in die ehrwürdige Geschichte der Evolution.

Der Hund lockte den Menschen einst aus den Bäumen, hieß ihn aufrecht gehen, er streifte umher, war ihm Auge, Nase, Ohr, war zugleich Schutz für die hilflose Familie der Menschenartigen. Er half ihnen jagen, und er machte den Zweibeiner sesshaft, indem er sein Feuer bewachte. Er lehrte ihn Vorratshaltung und den Anbau von Dosenfutter, denn nichts ist gefährlicher als ein hungriger Hund. Ja, er brachte ihn dazu, einfache, höhlenartige Behausungen zu bauen und so der Kälte des Winters und der Hitze des Sommers gleichermaßen zu trotzen. Er ließ sie Schlafzimmer erfinden, mit Fußenden so breit wie eine Liegewiese - ich will das gar nicht weiter auswalzen. Und nicht nur das - der Hund machte den Menschen bekannt mit wichtigen Kulturtechniken wie Wurstscheibenfüttern oder Stöckchen- und Ballwerfen sowie dem Pfuirufen und dem Fußaufstampfen. Nicht zuletzt indem er dem Menschen die Grundbegriffe, oder doch zumindest einige Vokabeln, der Hundesprache beibrachte - wie unbeholfen auch von jenen gesprochen und wie roh nur verstanden -, trug er zur Versittlichung dieser ehedem unbehausten, fremdartigen Wesen bei. Eherne Gebote wie: Du sollst deinen Hund nicht vernachlässigen sowie die Übernahme des Rudelmodells als eine Grundform des Zusammenlebens – auf menschisch Familie – beweisen das aufs Anschaulichste.

In der Vorstellungswelt des Menschen spielt der Hund naturgemäß seit den frühesten Zeiten eine bedeutungsvolle Rolle. Dass Damen ihre Haare »aufpudeln« (sic!) oder dass der Herr von Welt sich ein Stück Fell in Form eines »Schnauzers« (sic!) stehen lässt, ist darauf nur der geringste Hinweis. Im Volks- und Aberglauben der Menschen und in den darin tief wurzelnden Sprachbildern wird dieser Aspekt überdeutlich: Menschen lassen zuweilen die Ohren hängen, sie kneifen den Schwanz ein oder lecken sich die Lefzen, ihnen sträuben sich gar die Nackenhaare und, natürlich, Menschen hecheln den Dingen meist hinterher. Ja eben – und nun genug damit.

Nimmt man also alles in allem, war es der Beginn einer wunderbaren Freundschaft, als unser Urahn, der Wolf, mit dem Menschen zusammentraf. Wie das etwa ablief – darüber gibt es, wie sollte das bei Menschen anders sein, zwei Versionen. Beide haben mit Feuer zu tun. Die eine beruht, wenn sie denn wahr ist, auf einem Missverständnis, die andere, wahrscheinlichere, beginnt mit einem Doppelmord. Also: Die zerlumpte Horde völlig nackter Zweibeiner, so erzählt ein gewisser Konrad Lorenz, keucht durch das hohe Steppengras. Erst am späten Abend hat man etwelche Hasen oder

Gazellen gefangen und brutzelt sie nun, ängstlich sichernd nach allen Seiten, am mühsam entfachten Feuer. Eigentlich ein normaler Grillabend - freilich vor rund zwanzigtausend Jahren. Unweit des Rastplatzes lauert, vorsichtig und neugierig gleichermaßen, eine Rotte hungriger Wölfe. In einem Anfall von Übermut wirft ihnen einer der Menschenähnlichen einen abgenagten Knochen zu - und der Anführer der Wölfe wedelt. Die Zweibeiner sehen dies sogleich als freundliche Zustimmung, und bald wird das Knochenwerfen zum allabendlichen Ritual - erheiternd für die einen, mäßig sättigend für die anderen. Der Beginn der Bekanntschaft.

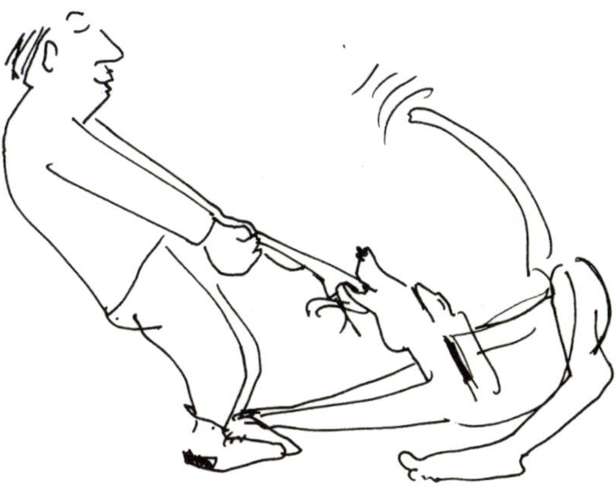

Worin da das Missverständnis liegt? Im Wedeln! Ich komme später noch darauf zu sprechen. Hier nur so viel: Nichts ist häufiger falsch interpretiert worden als das Wedeln. Du kannst fragen, wen du willst, jeder antwortet: Hunde wedeln aus Freude. Typisch Mensch, versimpelnd in der gröbsten Weise. Dabei ist beim Wedeln die ganze große und weite Gefühlswelt der Hunde entfaltet, wenn ich das mal so ausdrücken darf: Spannung, Freude, Vorsicht, Neugier, Freundlichkeit, ja, und das Abwarten, eine kleine Abwehr und abermals Anspannung. *So* ist das.

Egal jetzt. Das Ritual des Knochenwerfens jedenfalls hat dazu geführt, dass die einen gern etwas werfen und die anderen es gern holen. Schmeckt's, isst man es auf, schmeckt's nicht, bringt man's dem halt wieder. So einfach entwickeln sich Spiele.

Glaubwürdiger erscheint denn aber doch eine Geschichte, die Erik Zimen von den Wölfen überliefert wurde: Ein kleiner Trupp Zweibeiner jagt durch die Tundra, in Fetzen hängen ihnen räudige, also erneuerungsbedürftige, um nicht zu sagen fadenscheinige Pelze vom Leib. Nach Tagen endlich gelingt es ihnen, zwei Wölfe zu erschlagen, ihrer Felle zu berauben und sie womöglich, ich bringe es kaum aufs Papier, am Spieß überm Feuer zu braten. Nichts ahnen sie freilich von den beiden winzigen, noch fast blinden Wolfswelpen. Erst nach Tagen treibt die der Hunger aus ihrer Höhle. So findet man sie. Eine Frau nimmt sich ihrer an, eine stillende Frau, wie sich herausstellt. Und solche Winzlinge sind ja so niedlich: das Welpenschema. Heimlich legt die Frau die Kleinen an ihre Brüste und rettet so deren Leben. Feste Nahrung vertrügen sie noch nicht. Die Wölfchen wachsen heran, rangeln mit ihren zwei-

beinigen Milchbrüdern und -schwestern, sie fressen sich so durch und finden es in der menschlichen Gesellschaft durchaus behaglich.

So begann alles, und so muss es gewesen sein, denn einen Wolf kannst du nur zähmen, wenn er noch ein Milchwelpe ist, später hast du keine Chance mehr. So sah der Anfang dieser folgenschweren Begegnung aus, immer gefährdet, immer auf der Kippe und oft vom Menschen aufs Spiel gesetzt. Zum Schluss doch eine Freundschaft. Ja, wir haben durchaus Freude an den Menschen. Nur ein bisschen Hundebildung womöglich – die könnte ihnen nicht schaden.

Wenn wir früher gemeinsam ums Feuer gehockt haben, ging es meist um Geschichten von Tod und Zerstörung, von Fluten, Erdbeben und bitterer Kälte, und es war doch tröstlich und heilsam da. Heute erzählen wir einander zu wenig – es müsste Geschichten geben, in denen man gar nicht nachdenkt, Geschichten nur aus Gefühlen, aus Liebe. Das wär' was für mich.

# Zwischen Fühlen und Handeln: Wie erlebt der Mensch die Welt

Die tiefe Kluft zwischen Fühlen und Handeln macht, wie schon kurz geschildert, die eigentliche Not des Menschen aus – eine wahre Tragödie, ein Trauerspiel eben. Im Gegensatz zum Menschen fällt bei uns Hunden alles Lieben und Sein, alles Haben und Wollen, Empfinden und Tun immer zusammen, ist eins, eine Einheit, und keineswegs so leicht auseinandergefetzt wie ein Turnschuh.

Hunde leben jetzt, leben im Jetzt, aufgeregt oder ganz entspannt, im Hier und Jetzt. Es entspricht ihrer ungefügen und eher verklausterten Welt, dass Menschen das nur schwer begreifen, dabei müht sich mancher ab, selber einen solchen Zustand zu erreichen.

Nicht interessiert uns Hunde, welche Geschichten sich entwickeln oder welche Voraussichten wir uns ausmalen, welche Begebenheiten wir uns zusammenfantasieren könnten. Nur nicht in die Zukunft spintisieren nach Menschenart, nicht, was wir erwarten oder befürchten, nur keine vorauseilenden Ängste bitte.

Ebensowenig schauen wir zurück und hadern mit uns selbst, so war das damals mit dem wütenden Schäferhund, vergessen die Blessuren, oder war es doch ganz anders? Hast du selbst den Streit begonnen, nicht er? Egal! Einfach jetzt, jetzt am Leben schnuppern. Nicht hängt man Erinnerungen nach, was gestern war, vor vielen Jahren, gleichviel, gestern gebissen, ist heute vergessen.

Oder du liegst im dunklen Keller, allein, Frauchen und Herrchen sind fort, kommen gleich wieder, sagten sie dir, und da liegst du und weißt nicht, wie's weitergeht. Was heißt »gleich«? Furcht ist es nicht, die dein Herz durchwabert, nicht mal Hoffnung, da ist nur dieses Jetzt im Dunkel des Kellers, dieses ewig lange Jetzt. Klar, du möchtest erlöst werden, in ein heitereres, gemeinsames Jetzt. Frauchen kommt, Herrchen kommt, horch!

Wenn ein Mensch dich schlecht behandelt, mag sein, dann knickt deine Seele ein. Doch nicht Gedächtnis oder Erinnerung beschäftigen dich dabei, sondern die langsame Prägung deiner ganzen Hundeperson, dieses Schleichende daran, und das heißt jetzt, jetzt und noch mal jetzt. Der Ablauf von Zeit ist nämlich nur eine närrische Konstruktion des Menschen, die hegt und pflegt er, wenn er hektisch wird oder sich langweilt.

In Wirklichkeit geht es nur um die Anfüllung jeden Moments mit möglichst viel – Erlebnissen, Ruhe, *action*, wie wär's mit einer kleinen Mäusejagd, mummelige Zweieinigkeit, und bei alledem noch die mannigfaltigsten Nasenbotschaften aus aller Welt, ringsumher, und von dir, mein geliebter Mensch. So ist das bei Hunden.

Wie erlebt also der Mensch die Welt. Weil er die Zeit erfunden hat, ist der Mensch ein Gewohnheitstier, aber rein hirn- und überhaupt nicht vernunftbestimmt. So lebt er nie hier, bei dir, ewig grübelt er übers Gestern nach oder stochert mit seinen Gedanken im Morgen herum. Des Hundes Aufgabe besteht nun darin, den

Zweibeiner ins gemeinsame Jetzt zu zerren. Und sei es durch eine tüchtige Aufmüpfigkeit. Das hilft gelegentlich. Man muss mit dem Menschen denken, ihn verstehen lernen, und nur ja nicht das Vertrauensverhältnis aufs Spiel setzen, wie er's täte, wenn's ihm gerade beliebt.

Denn oft musst du als Hund einen Verlust oder Mangel im Leben deines Menschen irgendwie ausgleichen - kompensieren, um genau zu sein.

Zugegeben: Manche Menschen sind richtig unbewohnbar, und man hat eine Menge Verdruss mit ihnen. Sie erklären dir zum Beispiel, sie hätten dich auch von weitem lieb, wenn sie wegmüssen, ins Büro oder Kaufhaus oder an ähnliche, absurde Orte. Läufst du ihnen davon und erklärst ihnen das Gleiche, dann schelten sie. Kein Mensch, und erst recht nicht ein Vierbeiner, kann von weitem lieben. Niemand gehe also irgendwohin ohne seinen Hund. Das gehört nämlich auch zu dem »Jetzt und Hier«.

Tja, wie erlebt der Mensch die Welt. Schwer zu sagen. Seine Sinne jedenfalls sind äußerst unscharf. Er sieht doch sehr wenig, und die meisten Zweibeiner brauchen so 'n Brillendings. Nichts kriegt er mit vom huschenden Eichhörnchen im Unterholz, und wie es da plötzlich fliegen kann, die Bäume hoch, und von Ast zu Ast. Nicht sieht er das leise Beben und Bröckeln der Erde in einem

Maulwurfshügel, die doch gerade dadurch anzeigen, dass da im Untergrund so 'n kleiner Kerl tätig ist, den du dir holen kannst. Auch hört der Mensch nur wenig, da muss es schon ziemlich laut wummern, eh' er was merkt. Beim Schmecken bin ich mir nicht so sicher. Was er isst, rückt er selten raus. Riechen tut's gut, und die Reste, die hin und wieder doch vom Tisch purzeln, ein Wurstzipfel, ein Stück Käserinde, sprechen dafür, dass der Geschmack des Menschen sein stärkster Sinn ist.

Wenn Menschen zum Beispiel kochen, diskutieren sie und probieren sie, produzieren die wunderbarsten

Düfte, stundenlang, hoch über dir, aber das riechst du genau. Hoch über dir tragen sie es auf ihre Tische, hoch über dir essen sie's auf, und alles riechst du mit. Direkt nett, wenn sie dir vorher eine Dose geöffnet haben, oder was, und in deinen Napf geleert, sonst würde das Wasser, das dir natürlich im Maul zusammenläuft, einen Hungersturzbach durch die Wohnung schwappen lassen. Dann merkten sie es vielleicht. Oder auch nicht. Dein Magenknurren jedenfalls hat noch nie eines Menschen Sinn jemals wirklich vernommen.

Und die menschliche Nase? Eine einzige Katastrophe. Die Menschen teilen zwar die Welt ein nach Kategorien wie »dies stinkt mir, jenes nicht«, doch in Wirklichkeit verstehen sie nichts davon, nicht, was sie uns mit ihren morgendlichen Parfümierorgien antun, nicht merken sie, wie's auf der Straße stinkt, nicht der kleinste Hauch einer Maus im Kaminholz auf der Terrasse dringt zu ihnen, also mit ihrer Nase sind sie blind. Und taub.

Und fühlen? Können Menschen überhaupt fühlen? Ich kenne so 'ne und solche, da enthalte ich mich lieber eines Urteils. Mag sein, dass das bei jedem verschieden ist. Und das wiederum hat auch mit dem »Jetzt und Hier« zu tun. Komisch.

Wie erlebt nun der Mensch die Welt. Kommst du nicht leicht dahinter. Menschen sind geprägt durch Vorurteile und Hochmut. Als *Sache* gelten ihnen Tiere, und, ja, über Sachen verfügt man eben, man herrscht über Sachen, nur über Sachen, ist doch klar. Doch wer sich je mit uns auf ein Gespräch eingelassen hat, weiß es besser. Wir sind da in einer Hinsicht vielleicht privilegiert, weil wir uns den Menschen irgendwie verständlicher machen als, na, Frösche oder Hühner.

Menschen sind ja so einfach. Sie glauben, heimlich und leise könnten sie innerhalb ihrer Hirnschale herumdenken, und keiner kriegt irgendwas davon mit. Pah! In einem Menschenkopf geht man doch spazieren nach Belieben, leicht zu durchschauen. Kannst richtig zugucken, wie ein Gedanke entsteht. Jetzt sitze ich vor dir, mein Frauchen, mein Herrchen, und gucke dich an, da stehst du noch herum, stumpf und unentschlossen und weißt noch gar nicht, dass du gleich mit mir hinausgehen wirst, ganz langsam beginnst du das zu ahnen. Dann schaust du mich an mit so 'nem seltsamen Blick, als wolltest du es nicht glauben, und gleich trompetest du stolz: Ich mag mit dir raus, in den Park – dabei war es mein eigener Gedanke, den du nur übernommen hast. Und ich freu' mich natürlich. Gerade weil wir diese Macht über Menschen haben, sollten wir vorsichtig mit ihr umgehen.

Menschen, die Hunde nicht kennen, sagen zuweilen: Igitt, so ein Hund, der schnüffelt überall im Dreck herum. Aber guckt mal genau hin: Die Nase bleibt immer auf Distanz zum Schmutz, wie ihr das nennt. Überhaupt Schmutz, da sind Menschen wie besessen. Ein ewig weites Feld - das Thema müssen wir uns gesondert vornehmen.

Eine andere fixe Idee der Menschen ist *der* Platz, nicht ihrer, nein, durchaus nicht, sondern deiner. Menschen brauchen den Platz, weil sie dich irgendwie aufräumen wollen. Ist mir doch egal, ob ein Korb oder eine Ecke mit Decke, ich will überall sein, wo Frauchen und Herrchen sind - und sonst nirgends -, und um einen Platz mit Übersicht soll es sich handeln. Alles im Blick, alles im Griff, muss schon alles stimmen. Einen Rückzugsplatz, wenn du den mal brauchst, findest du praktisch überall, das hat man selbst begriffsstutzigeren Menschen rasch klar gemacht.

Und noch etwas. Menschen reden oft mit Hunden - das sieht für Nichteingeweihte zwar merkwürdig aus und hört sich womöglich albern an, aber es ist immerhin ein wenn auch unbeholfenes, so doch gut gemeintes Mittel, mit uns im Gespräch zu bleiben, auf Fühlung. Viel besser als 'n Hundekeks, ehrlich!

In Zeitschriften und Büchern steht jedenfalls eine Menge falscher Dinge über Hunde. Über Riten und Unarten der Menschen liest du da nichts. Auch wenn wir ihnen die meisten Macken gern nachsehen, wollen wir doch in aller Vorsicht und Diskretion, und ganz am Rande, einige erwähnen.

Zweibeiner nehmen immer genaueste Ziele ins Visier, sie können nicht einfach so herumstreifen, sich treiben lassen, hier mal der Nase nach, da mal einer Idee, nein. Wenn sie erst mal loslaufen von einem Ort, wollen sie an dem anderen, ganz bestimmten, den sie sich im Kopf genauestens ausklamüsert haben, ankommen, und das irgendwie möglichst schnell. Wenn du

dich da, sagen wir mal, bei einem Mäuschen verbuddelst, dann schnauzen sie herum wie die Pest. Menschen sind gehetzt und getrieben.

Damit muss zusammenhängen, dass Menschen Straßen erfanden, auf denen sie mit brummstinkenden Automobilen noch schneller rasen können, und wir da draußen dürfen nicht einfach so rübergehen. Das regeln sie mit Ampeln - noch etwas Sinnloses. Dabei fällt mir ein, dass Autos von innen wunderschön und gemütlich sind. Na ja. Ich wollte eigentlich mehr auf die Gewohnheiten und Weltsichten unserer zweibeinigen Genossen eingehen.

Stundenlang, zum Beispiel und à propos Weltsicht, sitzen sie vorm Fernseher und gehen nicht raus mit dir. Oder sie hocken herum und unterhalten sich und lachen und quatschen krauses Zeug und kümmern sich nicht um dich, und raus gehen sie schon gar nicht mit dir. Oder sie essen und lassen dich darben. Und gehen nicht raus. Oder sie lümmeln am Schreibtisch herum und geben vor zu arbeiten, und nur selten gelingt es dir, einen Platz so auf ihren Füßen zu finden, dass sie oben nicht mehr an den Tisch kommen. Weil dann, ja dann, wenn du das richtig machst, kümmern sie sich um dich, gehen womöglich raus mit dir. Oft aber maulen sie durch die Gegend, passt dies nicht, passt das nicht, überhaupt schnauzen sie bei jeder Gelegenheit, ob du grad mal mit schön batzigen Tappen aus dem Garten kommst oder einen ihrer Schuhe zu sehr gemocht hast.

Vielleicht ist es so: Die Menschen erleben die Welt gar nicht - ziehen sie sich lediglich durch den Kopf! Schlau sind sie ja, aber so schlau nun auch wieder nicht. Obwohl sie, raffiniert, die Zeit erfanden, haben sie nie eine, und für dich auch nicht, das ist doch komisch. Niemals sind sie pünktlich: Zu spät gehen sie mit dir in den Park, zu früh gehen sie fort, und zu spät kommen sie heim, immer zu spät geben sie dir zu futtern. Sie liegen im Bett, lassen dich nicht hinein, stehen selbst viel zu

spät auf und gehen, infolgedessen, viel zu spät mit dir raus. Morgens lesen sie die Zeitung und gehen und gehen nicht raus, und viel zu kurz spielen sie mit dir. Überhaupt gammeln sie überall herum, als hätten sie Zeit wie nix. Ja, die Menschen mit ihrer Zeit sind sonderliche Wesen.

Immer wissen sie schon vorher, was sie den Tag über tun werden, sogar am Wochenende, mit dem sie sich so haben, da wissen sie, was sie nicht tun werden, oder sie tun gerade was, nur immer was anderes, als ein Hund grad will. Menschen kann man es nur selten recht machen. Nur fürs Schelten nehmen sie sich ausgiebigst Zeit – fürs Loben reicht's meist nicht.

Ach, dies wird ein langes Klagelied. Lassen wir's lieber, es sollte ja nur eine nachsichtige Einstimmung in die absurden Vorstellungen und Ideen der Menschen werden. Doch, eins noch: Sie gucken zum Himmel, und wenn's regnet, kräuseln sie Nase und Stirn, und prompt heißt es dann: Wir gehen später raus. Als habe das miteinander zu tun. Manchmal kommen sie auch zu früh, wenn du dich etwa grad über einen Käsekanten hergemacht hast.

Überlege ich's mir recht, hängen alle Probleme des Menschen mit der Zeit zusammen. Kann sich jeder Hund ja selber prüfen, ob das bei seinem Frauchen, bei seinem Herrchen auch so ist.

Und noch eins. Wenn es doch mal nachts rausgeht, und du möchtest über dieses unverhoffte Glück deine Freude laut hinausbellen, dann heißt es gleich wieder: *HaltdieSchnauze, esistspät, freudichleise.* Sich leise freuen! Menschen sind wirklich wunderlich.

Ich möchte erwähnen: Meine Menschen flüstern manchmal mit mir, Auge in Auge und ganz ganz leise, das ist schudderig schön! Gespräche, wie ich sie mag. Freilich nur was für Kenner. (Also bloß nicht weitersagen.)

Dennoch sind Menschen zuallermeist, ich möchte mal sagen: ausdrucksarm. Über unsere Mimik und Gestik verfügen sie eben leider nicht, nicht mal die Ohren können sie aufstellen, vom fehlenden Schweif (wieder so 'n Mangel) ganz zu schweigen.

Betrachten wir eine normale Hunderauferei. Kann ja mal vorkommen, aber Menschen regen sich furchtbar darüber auf. Müssen sie gar nicht, denn üblicherweise haben wir Hunde ein viel feineres Ausdrucksvokabular als Menschen (leider wahr, dass manche Herren ihren Hunden sogar deren eigene Körpersprache abgewöhnt haben). Um nur das Große Angriffsgehabe zu nehmen, mit Angst und den Ohren nach hinten, da passiert meist nichts, aber wenn so 'n Kollege die Oberlippe kräuselt und seiner selbst sehr sicher ist, und der andere das nicht richtig versteht, da geht's denn schnell mit dem Zahn zur Sache.

Menschen dagegen streiten irgendwie hintenrum. Zwar stellen sie sich gern auf die Hinterpfoten, sagen wir: wenn sie einen Knochen haben, zum Selberdrannagen, den sie ums Verrecken nicht hergeben wollen. Aber sie machen ein völlig anderes Gesicht, als sie in Wahrheit fühlen, und reden noch höflich und gestelzt, wenn ihnen schon längst nach Schimpfkanonaden und Spucken zumute ist. Erst nach und nach und ganz langsam tut sich was in der Mimik, dann, wenn du genau hinguckst, auch in der Gestik, alles wird irgendwie verkniffener, und erst da merkt der Mensch selber, dass mit ihm was los ist (wenn überhaupt).

Als Hund kannst du so 'n menschliches Imponiergehabe (das womöglich differenzierteste Verhalten des Menschen) leicht durchschauen. Sieh genau hin, und du erkennst, wie sich seine Körperhaltung strafft, wie er den Kopf vom Nacken her anhebt, wie er die Braue runzelt, wie die Mundwinkel herabgezogen werden von tausend Gewichten, wie sich der Unterkiefer nebst Kinn vorschiebt, wie er die Schulter nach vorn drückt und wie sich diese eigenartige Innenrotation der Arme im Schultergelenk vollzieht, ein einziges Fuchteln, kann ich dir sagen, und ein ehrfürchtiger Schauder packt dich vor der äffischen Natur, dazu stößt er Keiflaute aus, mit

mannigfaltigen Zischtönen - das alles ist gewissermaßen die Dauerhaltung sehr vieler Menschen außerhalb ihrer Behausung, leider auch innerhalb. Draußen tippen sie sich überdies mit dem Finger an die Stirn, geben Zeichen mit dem Mittelfinger oder Daumen und Zeigefinger. Sitzen sie im Auto, hupen sie wie verrückt dazu, ja, bei manchen Menschen wäre es gut, wenn wir sie an die Leine nähmen.

So ein undifferenziertes Sozialverhalten ist abermals ein Mangel, ein arger, wie ja schon überhaupt die Zweibeinigkeit als solche, die den Menschen am richtigen Laufen hindert. Außerdem finden wir zahlreiches Fehlverhalten, wie beispielsweise ausgerechnet das Zähnezeigen als Beschwichtigungsgeste oder das Schnauzestupsen links und rechts neben das Ohr als Nettigkeitsbezeugung bei größeren Gesellschaftstreffen.

Dies alles hängt zweifellos mit der langjährigen Domestikation des Menschen zusammen, die Konrad Lorenz so nett beschreibt und die leicht zu erkennen ist an weiteren Mängeln, wie weißliche Nacktheit, gelbe Haare, dazu Muskelschlappheit, Wammenbildung und Hängebauch, Bindegewebsschwäche mit ihren Folgeerscheinungen wie schlaffe Haut, X-Beinigkeit, relativ kleines, blödes Auge, wenig markante Züge, schlechte Hörigkeit, ohnehin unbehaarte Haut und so fort. Die Wildform dieser typisch menschlichen Erscheinungen scheint es nicht mehr zu geben, mir ist sie jedenfalls unbekannt.

Aus alledem wird, so hoffe ich, überdeutlich klar: Um erfolgreich zu sein, darf man nicht anfangen zu denken wie Menschen. Denn außer der Zeit haben sie eine weitere, gefährliche Sache ersonnen – Menschen können schwindeln, in einen Sumpf von Lügen tappst du da, wenn du nicht aufpasst. Das glaubst du nicht? Musst nur mal hören, was sie einander auf der Hundewiese erzählen.

Mensch, Herrchen, du auch?

## *Die Hohe Schule des Wedelns oder: So spricht man mit Frauchen und Herrchen*

Die meisten glauben, die Beziehungskiste zwischen Menschen und Hunden habe mit dem Wedeln begonnen. Wahr ist, dass du sie, also die Kiste meine ich, mit dem Wedeln aufs Grobe gesehen am Laufen hältst. Nicht intensiv, aber doch in einem akzeptablen Rahmen. Wedeln jedenfalls ist eine wunderbare Erfindung, weil der Mensch es so schön falsch interpretiert.

Welpen etwa wedeln in den ersten drei, vier Wochen ihres Lebens nicht. Erst wenn sie mit ihren Milchbrüdern und -schwestern Kontakt aufgenommen haben und raufend und kneifend umeinanderpurzeln, dann wedeln sie, zum Beispiel beim Saugen, mit den Schwänzchen. Weil's eine Freude ist, klar, aber auch, weil sie ihren Kollegen dabei sehr nahe kommen, und so wedeln sie sich zugleich das kleine Quäntchen Spannung aus dem Leib, das in der Situation nun mal steckt. (Haben Desmond Morris und Horst Hegewald-Kawich genau beobachtet und festgehalten.) So ist das. Ja, Hunde wedeln aus Liebe - doch eine solche Feststellung wird leicht missverstanden. Natürlich, wenn ein Hund sich freut, und ich will doch schwer hoffen, dass man ihm die Rute dazu belassen hat, dann wedelt er. Es ist da zugleich eben diese kleine Spannung dabei, dein Mensch kommt - wird er womöglich gleich wieder gehen? Er kommt und bleibt erst mal, und wie schnell hast du herausgefunden, dass er sich nicht um dich zu kümmern gedenkt. Er glotzt stundenlang fern oder macht sich was zu futtern und so fort, und du stehst da und wedelst mit der äußersten Schwanzspitze sinnlos in der Gegend herum. Er merkt es einfach nicht. Oder er erklärt dir, dass es gleich einen Leckerbissen geben werde oder einen Parkspaziergang - ungewiss bleibt leider oft, ob er seine Ankündigung auch wahr macht oder mal wieder verschiebt, verschlampt, vergisst. Mit dem Wedeln geht nämlich auch eine kleine Angst einher beziehungsweise umgekehrt, die Angst wackelt mit dem Wedeln. Dein Mensch ging lange Zeit fort, wird er das nun gleich wieder tun, der Verräter? Da wird die Furcht schon größer, und am liebsten verkröchest du dich, aber er ist ja da, jetzt, er, dein Mensch, und da willst du natürlich zu ihm hin, und du freust dich, das ist doch klar, und das komische Gefühl im Bauch meldet sich gleichzeitig, also, ich will sagen, das Ganze ist durchaus

eine Konfliktsituation. Du freust dich, dabei hat er dich gerade vorher enttäuscht und wird das in der nächsten Sekunde aufs Neue tun – na ja. Das ist natürlich etwas ganz anderes als das Starren der Menschen in Zukünftiges oder Vergangenes, nein, das Gefühl und die kleinen Nebengefühle dabei finden total in der Gegenwart statt, jetzt, siehst du.

Mit Wedeln hältst du den, der's richtig versteht, zugleich einen Hauch auf Distanz. Du signalisiert nur deine Bereitschaft zur Kontaktaufnahme, ja, doch, du möchtest Kontakt, und ein freundliches Wort fällt meistens für dich ab. Zugleich weißt du, du wirst des anderen niemals wirklich sicher sein, kannst du auch gar nicht, sonst wäre er ja eine verfügbare Sache oder ein Kauknochen, den du aufarbeiten könntest, wie es dir beliebt.

Beim Wedeln, ich sagte es, ist diese kleine nagende Sorge dabei, eine Spannung, ein winziger Konflikt, ein bisschen Distanz, diese hauchleise Unsicherheit, eine große Bereitschaft und Offenheit und alles in allem ein spezielles Gemisch aus diesen Empfindungen. Sag' ich doch: Ein Hund wedelt aus Liebe, wie Liebe eben ist und sich anfühlt. Oder muss ich das *noch* näher erklären?

Über die Arten des Wedelns will ich hier nun nicht allzuviel verraten, kann sich jeder leicht ausrechnen, was das heißen mag: wenn du mit dem Schwanz ganz oben wedelst oder mehr unten zwischen den Hinterbeinen, mit dem ganzen Schwanz, dem halben oder nur mit dessen hintersten vier Millimetern, ob man das Große Drehwedeln veranstaltet, wobei der Schwanz wie ein Propeller geht, oder das Kleine Riddeln mit dem allerletzten Schwanzspitzenhaar. Oder ob schließlich dein ganzes Hinterteil da gewaltig mitschwingt. Außerdem überwiegt in dem einen Wedeln mehr die Freude, im anderen die Spannung. Am schönsten ist beides zusammen, also vorne kräftig zwicken und hinten tüchtig wedeln, da weiß jeder, dass alles nur Spaß sein und auf keinen Fall weh tun soll. Hunde begreifen so was schnell.

*Welches* Wedeln man einsetzt, hängt von der Aufnahmefähigkeit und Sensibilität deines Menschen ab. Ein kleines raffiniertes Kunststück sei hier ausdrücklich empfohlen: das Klopfwedeln. Du legst dich lang ausgestreckt seitwärts wie schläfrig auf den Boden, nur leicht blinzeln, so dass jeder denkt: Den faulen Hund

bloß nicht wecken. Doch wenn Frauchen und Herrchen sich deiner vergewissernd zu dir schauen, dann wedelst du kräftig, das bedeutet, dein Schwanz klopft auf den Boden, unüberhörbar. Zuerst findet das jeder nett und rührend, wenn du es freilich jedes Mal machst, wenn sie rüberlinsen, und wieder und wieder, minutenlang, dann werden sie sich dadurch zu wahren Begeisterungsstürmen hinreißen lassen. So bleibst du im Gespräch.

Sprechen ist auf Wirkung bedacht – das müssen wir im Auge behalten, wenn es um solche einfachen Übungen geht. Du merkst doch, wenn deines Menschen Auge wohlgefällig auf dir ruht, zur Vorsicht kannst du ja öfter mal hinblinzeln.

Nächst dem Wedeln ist das Pfotegeben eine wirkungsvolle Geste, auch wenn es da gewissermaßen schon lauter und direkter wird. Bei all den Wahrnehmungsnachteilen des Menschen darf man ruhig etwas deutlicher werden, und die Pfote ist dafür bestens geeignet. Wenn die Allgemeine Anmache, also zum Beispiel den Kopf zwischen beide Patten, platt auf dem Boden, und blinzeln, wenn dies, will ich sagen, mitsamt den kleinen Sondereinlagen dabei nicht wirkt, muss man zu heftigeren Mitteln greifen. In diesem Fall würde ich das Durchschnaufen vorschlagen, das vom Abgrundtiefen Seufzen noch übertroffen werden kann. In jedem Fall helfen

akustische Signale, wenn der Mensch nicht hinguckt, denn *Das Ohreinklappen* oder *DieOhrenaufDurchzugstellen*, worüber jeder Hund selbstverständlich verfügt, kennen und beherrschen die Menschen gottlob nicht – die meisten von ihnen, leider, hören niemals richtig hin. Da muss man sich halt etwas präziser ausdrücken oder Körperkontakt aufnehmen. Große Warnung: Grobes Verhalten, wie Jaulen zum Beispiel, nützt sich rasch ab, und du hast nur den Ärger davon.

Da empfiehlt sich eher *Das Geheimnisvolle Lächeln der Fröhlichen Sphinx*. Was das ist? Eigentlich bloß ein Hecheln, aber so eins aus dem Mundwinkel raus und auf diese Weise besonders wirkungsvoll. Ein Lächeln, sagt jeder Mensch sogleich, wenn du dein Mienenspiel richtig hinbekommst, schau ihn an, den Hund, er lacht, siehst du es nicht? Ja, das ist das Sprechen mit Wirkung, das ich meinte. Kann nur übertroffen werden, wenn man insgesamt zu einer Person auf Wirkung wird. (Ganz großes Geheimnis!)

Meine Güte, ich verplaudere mich hier gewaltig. Bedenke, wollte ich sagen, die unterschwelligen Strömungen der Kommunikation. Jeder Hund sieht, eine leichte Übung das, wie ein Mensch in jedem Augenblick ganz und gar widersprüchliche Botschaften übermittelt, wie sein Gesicht etwas anderes ausdrückt als sein Körper, seine Haltung, seine Bewegungen, wie dieser leise Hinterton in der Stimme etwas anderes spricht als das, was aus dem Mund vorne rauskommt. Es muss noch nicht mal eine direkte Lüge sein, vielleicht nur so 'n Mogelversuch, und wie er guckt dabei, dieser Mensch, ist doch klar. Gesichtsausdruck, Körpersprache, Tonfall und Blick müssen übereinstimmen, wenn eine Nachricht glaubwürdig sein soll. Und jede Information, eine winzige Geste, ein unsicheres Augenwackeln, dieses kleine Zittern in der Stimme, das unmerkliche, verlegene Schulterverdrehen, jede einzelne, mein' ich, sagt dir das Ganze, da musst du noch nicht mal alles zusammen haben. Merkt dein Mensch natürlich nicht. Als könne er dir den Kopf verdrehen. Es ist wirklich leicht, man vermag es zu lernen und zu üben, hinter all dem das unverstellte Verhalten des Menschen, was er wirklich meint und will, zu entziffern.

Leider gehen die Ausdrucksnachteile des Menschen zuweilen mit einigen Verhaltensstörungen einher. So wie Menschen bei kleinsten und kleinen Kindern nach Meinung eines Kenners in das sogenannte Mumm-mummkieks-Alter kommen, will sagen, dass sie (»duziduzi«) mit dem Zeigefinger an Babybäuchen und -nasenspitzen herumkrabbeln, so werden sie auch uns Hunden gegenüber oft recht kindisch, brabbeln närrisches Zeug, stup-

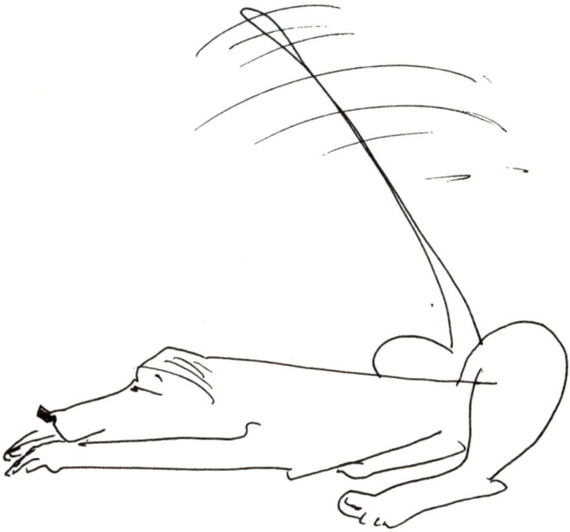

sen uns an die Nase oder kitzeln uns an den Haaren unter den Fußtappen und so weiter. Sie sehen in uns manchmal eine Art vierbeiniges Kind, legen uns Deckchen um, ziehen uns allerlei unsinnige Regenschühchen an und dergleichen und werden dabei selbst zum Kind.

Sicher, wir brauchen das Gespräch, mit Reden und Gucken und gegenseitig Pfotegeben, aber doch nicht in einer Babysprache wie Balliballi und Stocki und Fressi. Wie hört sich das denn an! Ein wenig Würde soll schon sein, bitte. Sonst schämt man sich ja für Frauchen und Herrchen – auch so Wörter, die Hunde gewiss nicht erfunden haben, 'tschuldigung also.

Wirklich reden ist wichtig. Es ist eine gute Übung, zwei-, dreimal am Tag innezuhalten, die ungeteilte Aufmerksamkeit seines Menschen zu gewinnen und ihn einfach anzuschauen. Bisschen Wedeln und Hecheln und Lächeln ist erlaubt, aber nur ganz wenig. Danach ein kleiner Stupser, und die Welt ist in Ordnung, egal, was war. Du sollst nicht starren dabei, das empfindet der Mensch als aggressiv. Einfach nur Augenkontakt, Blick in Blick, ruhig, nicht zu kurz, freundlich, innig. Ein wirklicher Austausch eben zwischen Hund und Mensch in einer heimeligen, friedlichen Stimmung – das fördert seine Aufnahmefähigkeit für dich und deine Botschaften und erweitert das Bewusstsein des Menschen. Jaha!

# *Zusammenleben – ein weites Feld Mit dem großen Menschen-Test*

Die Sage geht, dass der Hund und sein Mensch im Alter einander immer mehr ähneln. Philemon und Baucis, zusammen sechs Beine. Das ist natürlich nur ein Märchen, obwohl – beginnen nicht alle Lebens- und Liebesgeschichten mit der einfachen Struktur »Typ sucht sich Typ«? So fangen doch Komödien an, oder Tragödien, je nachdem, so schreiben sich Romane fast von allein. Wer kennt nicht die eindringlichen Bilder der Bulldogge mit ihrem bärbeißigen Menschen, der fipseligen Yorkshire-Dame mit ihrem spitznasigen Frauchen, des kecken Foxpudelmopses mit seinem verwegenen Herrn – zwei Stenze, zwei Streuner, zwei Strolche, ein Leben.

Doch das wirkliche Leben schreibt bekanntlich auch ganz andere Storys. Verklären wir die Sache lieber nicht. Ja, Typ findet Typ. Aber man gucke sich den zuvor ganz genau an, denn von einem Menschen kann man sich nicht einfach scheiden lassen – und ein Mensch von seinem Hund erst recht nicht. Eine solche Beziehung ist auf Dauer angelegt! Darum hier ein paar gute Ratschläge und einige Tests - zur allgemeinen Selbstvergewisserung. Es kann durchaus nichts schaden, wenn auch Menschen sich dem unterziehen (zumindest mal reingucken!).

Die schon mehrfach gescholtene Stubenhockerei, ja die Verhausschweinung des Menschen zeitigt schreckliche Folgen, wobei die Lauffaulheit noch deren geringste ist. Seine Sinne stumpfen ab, draußen fragt er sich plötzlich, was da so merkwürdig rieche. Nicht weiß er mehr, was einfache, frische Luft ist. Die simpelsten Dinge kennt er nicht, und so wird der Mensch nach und nach in jeder Hinsicht ein Eigenbrötler, ein Widerborst. Schert sich um nix. Hockt ewig nur drinnen. Findet seine sinnlosen Beschäftigungen wichtiger als die schönsten Erlebnisspaziergänge mit dir. Schlurft nur herum, grad, dass er dich kurz noch rauslässt, weil's halt unbedingt sein muss. Nein, dein Mensch sollte geistig und überhaupt rege sein, und du kannst viel dazu beitragen.

Um das zu überprüfen, empfehle ich für den Anfang ganz einfache Versuchsreihen. Du bringst deinem Menschen ein Tau oder einen Lappen und stupst ihm's gegen sein Knie. Die normale Reaktion ist, dass er mit dir an dem Ding zerrt, bis du zum Schluss gewonnen hast.

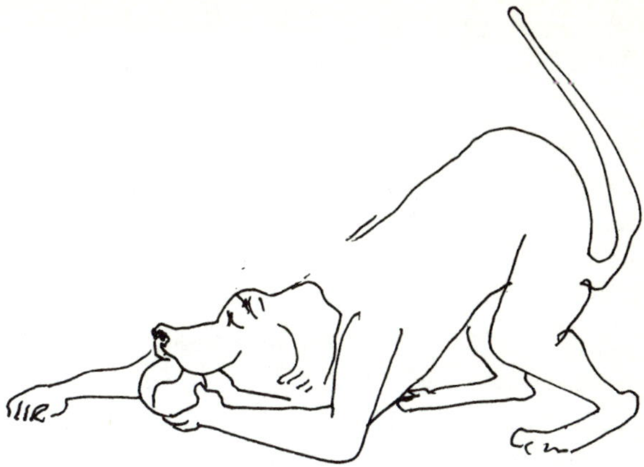

Oder du zerkaust einen Stock - da gibt es zwei Möglichkeiten, entweder er untersagt dir das und kümmert sich nicht weiter um dich. Mehrversprechend ist da schon, wenn einer den Stock für dich fortwirft, und du bringst den zurück, und wieder und wieder, kennt ihr ja.

Richtig glücklich macht man Menschen, wenn man ihnen einen Ball direkt vor die Füße legt, sie können dann selten widerstehen, mit dem Ball, und eben mit dir, zu spielen. Freilich ist das immer noch eines der schlichteren Muster.

Anspruchsvoller ist da die Sache mit dem Rauswollen - und ein wichtiger Prüfstein für deines Menschen Einfühlungsvermögen.

Also, du setzt dich vor die Ausgangstür und himmelst den Türgriff an. Bemerkt dein Mensch das nicht von sich aus, hilfst du mit Wedeln oder einem leisen Schniefler, in gröberen Fällen mit einigen Pfotentapsern nach. Doch hüte dich, die Klinke von dir aus zu drücken - da werden Menschen oft seltsam, bei ihrer Tür sind sie eigen. Meiner Erfahrung nach ist die wirkungsvollste Methode, nach draußen zu gelangen, sich einfach vor die Tür zu setzen, mit dem Rücken zum Menschen, und ganz ganz langsam den Kopf zu drehen, nur den Kopf, bis der fast falsch herum auf deinem Hals sitzt, und dann gucken, intensiv gucken. Klappt beinahe immer, setzt aber einen ziemlich sensiblen Menschen voraus, eine Dumpfbacke kriegst du damit nicht vom Hocker.

Grundsätzlicher sind die folgenden Überlegungen. Keinesfalls soll sich ein Hund mit einem Menschen einlassen, der gern und viel auf Reisen geht. Wieder und wieder wird er sich dumme, bald abgelatschte Sprüche einfallen lassen, warum er dich diesmal nicht mitnehmen kann, zu unbequem, Reise zu weit, der Dauerärger in den Hotels und so weiter, du weißt schon. Ausreden! Nein, wo ein Wille, ist auch ein Weg. Den möchtest du mit deinem Menschen ja immer gemeinsam gehen. Und wenn er das anders sieht, musst du dir die Sache noch mal überlegen. Na ja, es muss ja nicht grad 'ne Bongo-Bar sein oder Massenversammlungen, wo sie dir auf die

Zehen latschen. Indiskutabel sind, das ist klar, Menschen, die dich am Flughafen in die Wildnis schicken, weil sie den Urlaubsflug für'n Hund zu teuer finden. Übel und verantwortungslos. Von solchen Menschen müsste man sich doch scheiden lassen können. Ähnliches gilt für jene, die den lieben langen Tag im Büro hocken, wer weiß wo, oder dauernd etwas vorhaben, und du darfst nicht mit. Ein solcher Typ taugt nicht für Hunde – wenn er dich den ganzen Tag in der Stube vertrotteln lässt.

Nützlich sind auch einige praktische Vorüberlegungen. Typ verliebt sich in Typ, ja, ja, sehe jeder, wen er fin-

de. Zum Beispiel sollte ein Windhund sich nicht einen lauffaulen Menschen in der Stadt ausgucken, lieber einen Luftikus. Dobermann, Schäfer- oder Hütehund tun gut daran, sich nicht gerade in ausgesprochen gesellige Menschen mit viel Besuch und Remmidemmi zu verlieben. Foxterrier und Pudel wissen genau, dass sie sich auf Menschen mit empfindlichen Ohren besser gar nicht erst einlassen. Gerät ein Riesenwolfshund ausgerechnet an eine etepetete kleine Dame, kann das nicht gut gehen. Labrador, Retriever bei Menschen mit Angst vor Wasser und nassem Pelz - wohin soll das führen außer zu Frust? Was wird ein gewiefter Briard mit einem Hundeanfänger alles anstellen? Na!

Unter den Menschen gibt es Kenner und Könner, gutwillige Anfänger, Senioren und Kinder, Leute mit oder ohne Garten, Menschen, die in kleinen Karbüffchen in der Großstadt wohnen, Eitle, die einen Hund nur nach modischen Ideen, nach Aussehen oder Marke beurteilen. Rasse ist noch nicht Klasse, und so 'n ehrlicher Mischling ist oft der lustigste Geselle. Für Menschen gilt das ja auch.

Alles das und noch mehr will gut bedacht sein, sonst gibt es leicht Ärger und Stress. Vor allem eins: Jeder Hund mache die größten Bogen um den Menschen mit Furcht vor ein paar Dreckstapfen in der Wohnung oder gar mit einem ausgewachsenen Putzfimmel. Hält keiner aus, lässt Neurosen sprießen wie das Haarkleid im Frühjahr …

Oh, die Liste ließe sich endlos fortführen. Doch im Einzelfall arrangiert man sich meist. Menschen sind ja gesellige Wesen wie wir und in der Regel auch ziemlich anpassungsfähig. Es lassen sich freilich einige Kriterien ausfindig machen, über die wir unbedingt nachdenken und den von uns ausgeguckten Menschen befragen sollten, ehe wir endgültig mit ihm anbandeln. Ulrich Klever und ich haben uns dazu schon früher mal Gedanken gemacht.

# *Der große Menschen-Test*

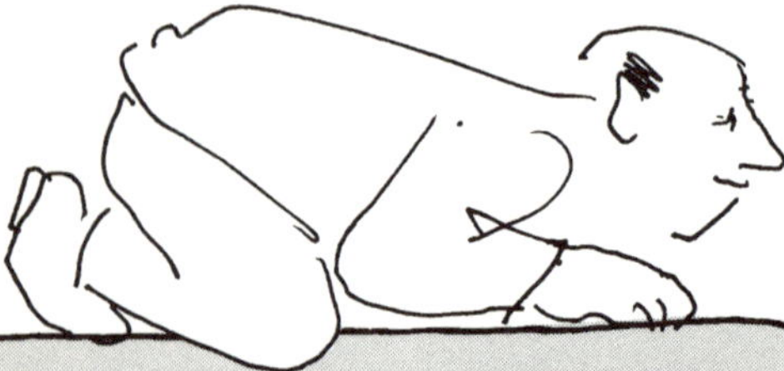

**1** Würde dein Mensch auch mal auf eine Urlaubs-Fernreise verzichten, um dich nicht so lange allein zu lassen?

❑ JA ❑ NEIN

**2** Weiß dein Mensch ungefähr, sehr ungefähr, wie die nächsten zehn Jahre bei ihm verlaufen werden?

❑ JA ❑ NEIN

**3** Hat dein Mensch mindestens zwei bis drei Stunden am Tag für dich Zeit (und das ist schon wenig)?

❑ JA ❑ NEIN

**4** Geht dein Mensch gern spazieren oder fährt Rad? Und das nicht nur, wenn's schön ist, sondern

auch bei Regen, Kälte und Sturm? Dreimal täglich Bewegung, sommers wie winters, bei jedem Wetter und nach einem gewissen Zeitplan?

❑ JA ❑ NEIN

**5** Ist dein Mensch bereit, mit dir gemeinsam die Schulbank zu drücken, also zur (durchaus strapaziösen) Hundeschule zu gehen, die viel besser Menschenschule hieße?

❑ JA ❑ NEIN

**6** Könnte dein Mensch eine Zeit lang – vielleicht, wenn's schlimm kommt, für länger – darauf verzichten, ins Kino, Theater, in Discos oder auf Partys zu gehen?

❑ JA ❑ NEIN

**7** Ja, wie steht dein Mensch zu Kindern? Hat er welche, will er welche, würde er noch mal …
❑ Ja ❑ Nein

**8** Verliert dein Mensch *nicht* leicht die Nerven, dreht nicht so schnell durch?
❑ Ja ❑ Nein

**9** Ist dein Mensch konsequent (er muss ja nicht gleich totenstur oder herrschsüchtig sein)?
❑ Ja ❑ Nein

**10** Wenn du ein Welpe bist, frag deinen Menschen, ob er ein Jahr lang so richtig ausgiebig und mehr Zeit als sonst für dich hat.
❑ Ja, hat er ❑ Nein, hat er nicht

**11** Bleibt dein Mensch bei der Stange und ist nicht launisch, das heißt, nimmt er sich nicht jeden

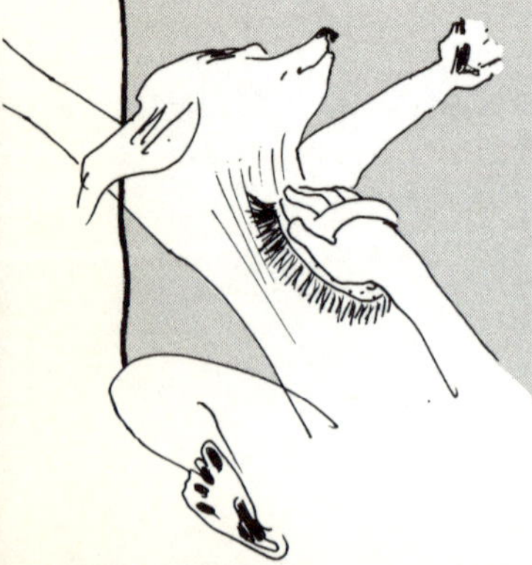

Tag etwas anderes vor und schmeißt die Klotten nicht schnell hin, wenn mal etwas anders läuft, als er sich so gedacht hat?

❑ Ja ❑ Nein

**12** Ist dein Mensch treu (ja, frage ihn das, in aller Einfachheit)?

❑ Ja ❑ Nein

**13** Hat dein Mensch einen dir angenehmen Bekannten oder Freund, der bei dir *dogsitten* kann oder dich mal ein paar Tage zu sich nimmt, wenn dein eigener Mensch partout keine Zeit hat (kann ja vorkommen, und ein Ersatz ist besser als nix)?

❑ Ja ❑ Nein

**14** Ist dein Mensch sehr etepetete, wenn es um die Sauberkeit der Böden, Teppiche und Wände geht?

❑ Ja ❑ Nein

**15** Flecken, Schmutztappen, Sandhaufen in der Wohnung, nasse Schuhe oder mal tüchtig durchfrieren – ärgert sich dein Mensch darüber?

❑ Ja ❑ Nein

**16** Hat dein Mensch Schonbezüge über Polstermöbeln oder im Auto (eine schön hinterlistige Frage)?

❑ JA ❑ NEIN

**17** Putzen Mensch und Menschin täglich eure Wohnung, und das mehr als eine Stunde?

❑ JA ❑ NEIN

**18** Manchmal muss man einfach hintappen – regt sich dein Mensch über Flecken an seiner Kleidung auf?

❑ JA ❑ NEIN

**19** Versteht dein Mensch etwas von Fellpflege, könnte er dir zum Beispiel so eine richtig vollgesogene Zecke rausziehen und das dazu linksrum?

❑ JA ❑ NEIN

**20** Ist dein Mensch bereit, mit dir zu all den Impfungen und tierärztlichen Untersuchungen zu gehen (und das zu bezahlen, denn sogar Hundesteuer kostet Geld – was die Menschen sich so ausdenken, puh!)?

❑ JA ❑ NEIN

**21** Fürchtet sich dein Mensch vor anderen oder vor größeren Hunden, als vielleicht du einer bist?

❑ JA ❑ NEIN

**22** Ist dein Mensch sehr weichherzig – das heißt, kriegst du ihn immer rum?
❑ JA ❑ NEIN

**23** Ist dein Mensch ein eher lärmiger Typ, der gern schreit, extralaut loslacht oder mit Türen knallt?
❑ JA ❑ NEIN

**24** Ist dein Mensch allein oder ziemlich allein, und ist er tagsüber berufstätig, so dass er dich zu Hause… Mir sträubt sich die Feder.
❑ JA ❑ NEIN

*Auflösung*

Man muss den Dingen des Lebens ins Auge blicken, ehrlich, und mit diesen zwei Dutzend Fragen kann sich ein Hund ein ganz gutes Bild verschaffen. Es hat keinen Sinn, seinen Menschen, dessen Art und dessen Unarten, zu schönen. Also:

Wenn du die **Fragen 1 bis 13** mit Ja sowie die **Fragen 14 bis 18 und 21 bis 24** mit Nein zu beantworten vermagst, ist dein Mensch ganz in Ordnung, und du kannst zugreifen.

Wenn du die **Fragen 1, 3, 6, 8, 11, 13, 19 und 20 nicht mit Ja** beantworten kannst, wird die Sache kritisch, und ich würde eher abraten. Ärger und Stress, wenn nicht Schlimmeres, sind zu erwarten, und dein Mensch würde dir nicht gerade Freude bereiten.

Desgleichen bei den **Fragen 14 bis 18 und 21 bis 24:** Je mehr du davon mit Ja beantworten musst, desto größer ist die Gefahr, dass eure Beziehungskiste scheitert – und das wäre so ziemlich das Schlimmste, was Hund und Mensch im Leben geschehen kann.

# Futter für'n Kopf – aus der Hundeschule geplaudert

Trotz all seiner Schwächen ist der Mensch, versteht sich, wichtig für uns. Wir wollen mal ehrlich sein: Ein wenig müssen wir schon darauf achten, wie unser Mensch dies und das haben möchte. Ist er eher ein Strenger, Deutlicher, der einem keine Kleinigkeit durchgehen lässt, oder ist er mehr so 'n legerer Typ, bei dem nicht alles hundertprozentig genau geht. Na ja, wenn er *komm!* ruft, und du kommst nicht, ist das schon doof, meist handelst du dir dafür Konflikte ein.

Über nichts schwirrt solcher Unfug durch die Welt wie über die Erziehung, in diesem Fall einmal ausnahmsweise die des Hundes. Man will sich schließlich auf den anderen einstellen. Wenn du jeden Tag anders bist, dich von einer Minute auf die andere anders benimmst, weiß dein Mensch nicht, woran er ist, und er wird dich pingelig erziehen. Sicherheit muss nun mal sein. Umgekehrt freilich gilt dasselbe! Gleichmäßig soll der Umgang miteinander sein, und so merkwürdig es klingt – Menschen, bitte herhören! –: Eine gleichmäßig miserablige Behandlung ist immer noch besser als heute so und morgen anders, eben noch überschwänglich und zärtlich, und von jetzt auf gleich setzt es Schelte und Schlimmeres. Man muss schließlich wissen, was Sache ist. Klar: Guter Umgang ist besser!

Wir Hunde sind immer bereit, uns zu arrangieren. Nicht so sehr Rangfolge und Unterordnung, wovon dauernd gesabbelt wird, sind uns wichtig. Quatsch! Es geht um die Sicherheit gewisser Abmachungen (die sollen in jedem Fall eingehalten werden, nachdem man sie miteinander ausgerangelt hat) und um die positive Grundstimmung, möchte ich mal sagen.

Wie in jeder ordentlichen Erziehung zählt nur das gute Vorbild - das gilt aber so rum und so rum. Leichtere Fälle von Versagen kann man rasch vergessen, schwerere nur verdrängen, die grummeln dann noch so, im Untergrund oder wo - das, ihr Menschen, muss man sich ganz wie bei Kindern ausmalen. Überhaupt ist »Hundeerziehung« kein Problem, man soll sich ruhig vorstellen, es ginge dabei zu wie bei Menschen untereinander. Wirklich: Hunde arrangieren sich. Das ist, um es modern auszudrücken, ihre soziale Kompetenz, jaha!

Ich will gar nicht weiter auf all den Unsinn eingehen, den du überall aufschnappen kannst - nur ein Beispiel für zahllose falsche Vorstellungen: Dackel und Huskys gehorchen nicht, heißt es. Mag sein, sie arrangieren sich schwerer als andere, Hunde mit Charakter rangeln eben ein wenig länger. Viel schlimmer ist dabei das Vorurteil, ein Dackel sei frech und doof, denn wenn du glaubst, ihm nichts beibringen zu können, dann gibst du ihn auf, Mensch!

Auch erzählt man sich, vor dem sechsten Lebensmonat dürfe man bei den Welpen nicht mit der Ausbildung beginnen. Natürlich, regulär, an der Leine mit Gehorsamsübungen und so weiter, geht das nicht. Aber im Spiel, Spiel ist überhaupt alles – wer spielt denn nicht gern? Schon in der dritten Woche kann es beginnen, ein Hund braucht doch Futter für'n Kopf – und für die Beziehung zwischen Zwei- und Vierbeinern ist es ohnehin gut und wichtig. Mit acht bis zehn Wochen macht so 'n Welpenknirps eine Angstperiode durch, da kann er Stress nicht gebrauchen – kein Wunder, denn die wichtigsten Gefährten dieser Zeit, die Welpengeschwister, werden in alle Winde zerstreut. Also mit Geduld und Liebe, will ich sagen, kann man in dieser Zeit Kommen, Sitzen, Liegen und andere liebenswürdige, nicht so raufige Spiele treiben, das lenkt den Kleinen von seinem Kummer ab.

Mit dem Namen für den Welpen fängt es an – am besten ist der zweisilbig. Menschennamen wie *Gerda* und *Birgit* oder Namen wie *Killer* und *Reißer*, na, damit muss vor allem der Mensch leben, und ob ein Dackel

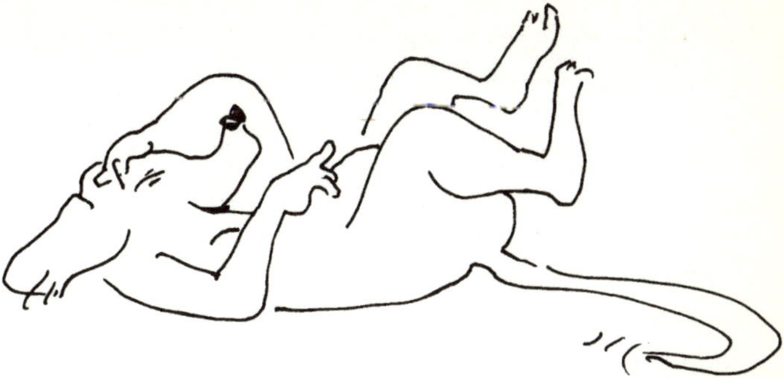

*Wotan* heißen sollte, ist eher eine Frage des guten Geschmacks. Welcher Welpe ließe sich von einem freundlichen *Komm!* (mit einem eben ansprechenden Namen) nicht zum Kommen verführen. So geht das weiter und weiter.

Gewarnt sei vor der Erziehung mit Leckerbissen - so was ist ja wohl eher Bestechung! Viel besser wirken Kopfkraulen, Loben und viel, viel Liebe. Tja, nur nichts im Übermaß. Zuviel Nachsicht und zuviel Aufregung korrumpieren den stärksten Hund. Ich sage: Wir wollen bewusst und intelligent angesprochen werden, wie wir das ja auch bei den Menschen versuchen.

Du solltest deinen Menschen darin bestätigen, *er* bringe dir was bei - er braucht das Gefühl und freut sich ja auch, wenn etwas klappt. Also lass es dabei, finde heraus, wie du ihn lehrst, was er dich zu lehren hat.

Wenn du dich dabei richtig anstellst, ich will sagen, wenn du es richtig anstellst, fallen gewiss ein paar lobende Worte ab. Und die Beziehung fördert es auch. Raues Benehmen führt zu überhaupt gar nichts, um das mal endgültig zu klären! Sicher, du kannst nicht immer und überall aufmerksam sein, musst eh schon auf so viel aufpassen. Und die Ohren mal auf Durchzug stellen – tut der Mensch ja auch. Erziehung heißt üben, üben, üben, aber ja nicht das Augenzwinkern dabei vergessen. Soll doch kein Exerzieren werden, das Ganze. Ich kenne nämlich Hunde, die sich den maßlosen Ansprüchen ihrer Menschen widersetzen und dazu gleichsam das Verfahren einer Maskierung benutzen. Da gibt's vielleicht Typen. Lauf mal zur Hundewiese und guck dir das an.

Alles ist ganz wie bei den Menschen – bisschen Aufmüpfigkeit und Selbstständigkeit gehören dazu. Paar Dinge müssen allerdings klappen, paar Durchsagen muss er dir vermitteln können, und das ist nicht mal viel.

Das mit der *Leine* sollte ohne Zerren und Reißen funktionieren, zu deiner Sicherheit, zu seiner, wenn's mal brenzlig wird, in der Stadt. Eleganter geht sich's freilich *Bei Fuß!*, das ihr gemeinsam ganz natürlich lernt, ohne Strafexerzieren. *Komm!* oder *Hier!*, *Halt!* und *Lauf!*, *Sitz!* und *Platz!* und vielleicht noch das Liegenbleiben *(Bleib!)*. Das wär's eigentlich schon. Alles an-

dere ist natürlich nett, aber völlig gleichgültig. Wahrlich kein abendfüllendes Programm. Denn Hunde wollen gern und viel lernen! Es rührt mich immer wieder zu sehen, wie Menschen außer Rand und Band geraten, wenn du ihnen auf ihr Geheiß die *Pfote* gibst, und gar noch *Die andere Pfote.* So kann man einander eine Menge schönen Blödsinns beibringen. Also spielt ihr das ruhig, und du wirst leben wie im Paradies - ich meine, wenn sonst alles stimmt.

Dazu ein kleines Wort. Typen. Tja. Beim *Sportmenschen* geht es dir im allgemeinen ziemlich gut - er graust sich selten vor dem, was andere als schlechtes Wetter runtermachen, er hat eher mehr Zeit für dich und verschafft dir Bewegung. Allerdings liebt er es zuweilen, große Veranstaltungen zu besuchen, dort herumzugrölen und so fort, und da nimmt er dich dann selten mit hin. Ist auch nicht angenehm da. Also bedenke das.

Ein *Schutzmensch* ist eher ein wenig ängstlich und besorgt um dich, gerät leicht in Panik, wenn ein anderer Hund mit dir raufen mag oder er dich für ein paar Minuten aus den Augen verliert. Ziemlich überbesorgt, aber immer noch besser als einer, der sich nicht richtig um dich kümmert.

Hüte dich vor dem reinen *Stubenmenschen* - eigentlich eher ein Schreckbild, das in der Wirklichkeit gar niemals nicht vorkommt. Ein Drinnenhocker. Reichlich langweilig.

Ein Mensch für alle Gelegenheiten ist, wie der Name ja schon ausdrückt, der *Gebrauchsmensch* - der hat von all den anderen ein wenig, und nichts von ihnen. Alltagstauglich. Lässt dich mal, hört auch mal hin. Lockerer Typ, der. Hat dich meist dabei. Und du ihn auf diese Weise auch. Von ihm - und natürlich von ihr - handelt eigentlich dieses Buch, von vorne bis hinten. Hättet ihr gar nicht gemerkt?

Na ja, niemand ist perfekt. Viele Menschen zeigen doch nicht wenige Verhaltensabnormitäten und Intelligenzdefekte. Ich erwähnte bereits mehrfach die Gehfaulen, auch die Unausgeglichenen, die Vergesslichen, die Sauberkeitsfanatiker oder die Wutbolzen. Hier hilft nur Nachsicht und abermals Nachsicht, und Bellen oder Zubeißen sind da wirklich fehl am Platz, schließlich ist der Mensch seelisch völlig vom Hund abhängig. Stell dich also ein auf ihn, wer immer dein Typ sei. Natürlich, wenn einer mit dir durch Kälte, Regen und Wind stampft, geht er mit dir wahrscheinlich auch durch dick und dünn.

Drum, alles in allem, lass deinen Menschen nicht vor sich hin streunen, bleib immer in seiner Nähe, selbst wenn es mal dick kommt. Die paar Vokabeln fürs gemeinsame Gespräch lernen sich fast von allein. Nur Geduld. Viel wichtiger ist ja die Fühlung.

Ich kann das Kapitel nicht einfach so beschließen, ohne drei äußerst unangenehme Wörter zu erwähnen, sie lauten leider *Aus!*, *Pfui!* und *Nein!*, tut mir leid. Und die haben die unangenehme Eigenschaft, dass sie einem meist zusammen und durcheinander in die Ohren geschrillt werden. Nehmen wir an, du hast im Park eine alte Sardinendose erwischt (so was liegt da rum, ja, ja). Riecht lecker, schmeckt lecker, doch kannst du dir gewaltig die Nase dran schneiden. Da ist schon gut, wenn du weißt, was so 'n *Aus!* bedeutet.

Sogar mit den anderen beiden gräßlichen Ausdrücken solltest du dich gelegentlich anfreunden, falls du sie nicht den lieben langen Tag zu hören bekommst. Man will schließlich mitkriegen, was der Partner meint. Immer positiv denken! Besser für die Liebe ist einfach ein Lob. Oder deren zwei. Denn vor allem anderen muss man ja wissen, was für ein toller Hund man ist.

# Liebe auf vier Pfoten: Sensitivitätstraining für jeden Tag

Hunde und Menschen bleiben natürlich verschieden, selbst wenn in einigen Bereichen ein richtiggehendes Kompetenzgerangel entsteht, von gleich zu gleich eben, sonst kann man einander ja nichts streitig machen. Wer will behaupten, die Nahrungsbeschaffungskompetenz (was für ein Wort) sei wichtiger als alles andere, und wer hat sie wirklich? Wenn ich daran denke, welche wundervollen Dinge allüberall in den Parks und auf den Straßen herumliegen. Oder die soziale Intelligenz. Tja. Vernachlässigt wird oft die Spiel-und-Spaß-Intelligenz, aber wer sie nun mehr besitzt als der andere?

Darauf kommt es eben nicht an. Ja, doch, man soll die eigenen Stärken nicht klein reden und dem anderen nicht nur die Schwächen zubilligen. Wer sonst als ein Mensch könnte dich von Zecken befreien oder dir den Fuß verbinden, wenn du dich geschnitten hast? Ist das die Fuß-, die Zeckenkompetenz? Wenn wir nur immer die emotionale Kompetenz des Hundes herausstreichen, lassen wir außer Acht, dass der Mensch durchaus über ein gewisses Maß an emotionalen Fertigkeiten verfügt. Wie anders als durchs Zusammenpacken seiner Stärken und Schwächen kommt man zur Gemeinsamkeit? Vorzüge und Nachteile des jeweils anderen will man doch gar nicht so genau auseinanderhalten, auseinanderrechnen. Das knuddelige Kuddelmuddel macht die Beziehung gerade aus!

Wer will entscheiden, ob es nun sinnvoller, wichtiger sei, den Ball zu werfen, als ihn zu holen. Abermals: Nur zusammen ergibt beides ein Spiel.

Jeder bringt in die Beziehung seine ganz eigenen Dinge mit, seine eigene Sicht, seine eigenen Meinungen, Gefühle, sein Temperament. Sonst würde es in der Kiste ziemlich langweilig. Gemeinsamkeit macht stark. Und dass man dabei achtsam ist auf den anderen, das alles und noch mehr meine ich hier mit dem Begriff Sensitivität.

Den Menschen muss man durchaus als ein soziales Wesen begreifen. Im Zusammenleben kann er einem die Augen öffnen, für die vertrackten, verstellten Wirklichkeiten in seinem Kopf, die Schrägheiten, die verwinkelten Gedankengänge, wie Menschen sie lieben. Mit etwas Konzentration – und immer im Blickkontakt – durchschaut man derlei bald (Fortgeschrittene können ihrem Menschen sogar aus solchen bizarren Stimmungen heraushelfen).

Denn Einsamkeit ist das Problem Nummer eins. Hunde *und* Menschen sind gesellige Tiere, nicht nur zwei Stunden täglich, sondern von morgens bis nachts, sie brauchen die Zugehörigkeit zu einem Rudel. Nicht irgendeine modernistische »freie Partnerschaft« – Single plus Single bleibt Single, das kann ich dir laut sagen. Nichts kannst du anfangen mit einem, der dir was von Wohngemeinschaft faselt. Hab' ich einen Knochen, will ich auch dran nagen, um mal ein derberes Bild zu gebrauchen. Richtige Regeln gehören dazu und feste Bindungen, Absprachen, Gewohnheiten, Sicherheit, Riten von mir aus – kurz das, was Menschen gern umgehen: eine

Sozialstruktur, ein geregeltes Gemeinschaftsleben, und das nicht zu knapp!

Im Anfang ist – der Platz, ein Platz für dich allein, wo du mal ein Nickerchen machen kannst, der Ruhe pflegen, wo dich nicht jeder gleich anquatscht, ein Ort der Einkehr, ein Intimplatz eben, ganz wie der Mensch ihn selber beansprucht, in seinem Sessel oder an seinem Arbeitstisch oder wo er's halt gerade mag. So fängt das Zusammenleben mal an.

Wohlgemerkt, ich spreche von einem Platz, an den du dich freiwillig zurückziehen kannst, meinetwegen sogar, an dem du tagsüber dein Fell trocknen sollst – und von dem aus du dennoch den Überblick behältst, was alles so läuft in deinem Haushalt. Könnte ja sonst was geschehen.

Nun habe ich schon mehrfach und deutlich bewiesen, dass nichts wichtiger ist als das Zusammensein. Und wo verbringt der Mensch die Nacht? Richtig. Auch zu dem Thema müssen einige klare Worte fallen. Ich sehe schon, das hier wird jetzt auch, echt menschenlogisch, Futter für'n Kopf.

Die Beziehung zwischen Hund und Mensch soll harmonisch sein, weil: diskutieren, oder wie das heißt, kannst du ja nicht grad immer. Es muss irgendwie zusammenklingen, und das kann man durch die verschiedensten Dinge üben, ob man nun spielt und rauft, gemeinsam an der Leine geht, Wörter einstudiert oder die Pfote gibt. Man muss nur dauernd beieinander sein und Frauchen und Herrchen in den Tageslauf integrieren. Schön gelassen und ruhig und unaufgeregt. Der Mensch wird dir das mit freiwilliger Anpassung und konfliktfreiem Verhalten danken. Er wird sich arrangieren, ganz wie du selbst. Und da hätten wir denn schon einen guten Teil der Beziehungskiste gepackt.

Ich sagte: in den Tageslauf einbauen, aber wann endet der Tag? Und wo verbringt der Mensch die Nacht? Genau. Er beansprucht einen Platz ganz für sich allein, auch zu zwei'n, und da beginnen viele mit ihren Vorbehalten. Natürlich ist so ein Bett eine wunderbare Erfindung, und deine Menschen lümmeln ja auch darin herum. Doch so sauber, wie die ins Federbettchen steigen, gewaschen oder gar parfümiert und stinken aus dem Mund nach Zahnpasta und sonst was, nein, da sollten wir vielleicht doch nicht rein. Ist auch eine Frage der Würde. Und Federbett: Bin ich ein Vogel?

Menschen sind ziemlich dickköpfig, kann sein, sie versuchen dir alle möglichen Plätze schmackhaft zu machen, im Keller, im Flur, in Küche oder Bad und noch blöderen Ecken, dabei ist der natürliche Ort deines Nachtschlafs im Schlafzimmer deiner Menschen, darum heißt es ja so!

Im Schlafzimmer riecht es ganz allgemein gut, nach Mensch, meist hast du ihn dort ziemlich unverfälscht, und irgendein Plätzchen da wird sich doch finden lassen. musst du ihm klar machen, muss dein Mensch einfach einsehen. Denn nichts Schöneres gibt es, auch für ihn. Da lebst du mit all den Menschengeräuschen, dem Schnaufen und Mümmeln, überhaupt diese mummelige Einigkeit, das Schniefen und Schnarchen und Dolleres. Also, ich will mit alledem sagen, ein hundegemäßes Nachtplätzchen ist das Menschenbett vielleicht nicht gerade, es sei denn, es handelt sich um eine gemeinsame Suhle, aber das Schlafzimmer gewiss! So nämlich lernt man mit der Zeit, sich ineinander einzufühlen, lernt die

Beziehung selber zu vertiefen, lernt, in den Stimmungen und sogar Gedanken des anderen zu lesen, lernt, jedes Wort des anderen, eben alles, zu verstehen - bis in die Träume erstreckt sich das! Dein Mensch hört dich ja auch, spürt dich auch, und alles, was du erlebst, erlebt er so auch. Wenn ihr beide einigermaßen sensibel seid, weckt ihr einander nicht aus den Träumen auf. Wenn es mal ganz schlimme sind, und das hört man ja, wird man bei dem anderen einfach nur leicht die Hand, die Pfote auflegen, so zart, dass der weiterschlafen kann, jedenfalls nicht so richtig aufwacht, aber trotzdem weiß: Ja, da draußen irgendwo, also jetzt, hier drinnen, im Schlafzimmer, existiert noch eine angenehmere, tröstlichere

Wirklichkeit als vielleicht grad die im Traum. Ja, auch im Schlaf soll man dem anderen die Ruhe lassen. Schlafende Menschen soll man nicht wecken. Und den anderen Spruch kennt ihr.

Auf die vertrauensvolle und friedliche Atmosphäre dort kommt es ganz allgemein an, das macht sogar Problemmenschen angenehm ausgeglichen und ruhig (freilich musst du auch selber Ruhe geben, Scharren, Herumlaufen oder Pantoffelkauen stört da nur - und schnell fliegst du raus). Dann versteht man den Partner besser, achtet mehr auf ihn, merkt gleich die Anzeichen von Unruhe und Nervosität, schlechter Laune oder Traurigkeit, erspürt diese traute Behaglichkeit, beachtet die Bedürfnisse des anderen genauer, teilt sich selber besser mit. Und wenn die Grundstimmung eben gut ist, könnt ihr einander kleinere »Unregelmäßigkeiten«, wie sie halt geschehen, auch mal nachsehen, mal durchgehen lassen.

So erträgst du insgesamt sogar leichter, glaub mir das, wenn dein Mensch dich mal ein paar Stunden allein lassen muss, obwohl er das echt nicht tun sollte. Bring Frauchen und Herrchen vor allem bei, dass sie sich dann nicht überschwänglich und laut oder über die Maßen bedauernd verabschieden - und du bleibst da zurück, allein, mit einem ausgewachsenen Gefühlsstau im Bauch; das gibt's, und womöglich für längere Zeit. Eigentlich kein Wunder, dass mancher Hund in der Situation mal an sonstwas knabbert, wenn nicht mal 'n Kauknochen da ist.

Fast noch schlimmer ist, wie viele später nach Hause kommen und sich ebenso dröhnig freuen, wie sie sich traurig verabschiedet haben. Kommst du völlig aus dem Gleichgewicht. Dazu noch gefühlsgeladene Begrüßungen und Leckereien die Menge – alles nur gut gegen das schlechte Menschengewissen.

Und weil's so wichtig ist, sag ich es noch mal: Kekse sind eigentlich Bestechung, sie gleichen Gefühle aus, die mit Hunger nichts zu tun haben. Kriegst du leicht falsche Gefühle oder falsche Essgewohnheiten, weil die Seele irgendwie mit durch den Magen wandert – wohin? Na also. Das gilt für Menschen übrigens gleichermaßen. Und besser ist, ihr stärkt einander das Herz. Das wirkt.

# Die Entdeckung des Sechsbeiners – die Sache mit der Leine

Wie manches im Leben der Menschen hat auch die Leine zwei Seiten. Bedenke also: Am anderen Ende hängt immer dein Mensch. Er ist ein Wesen wie du, und man muss ihm Würde und eine gewisse Freiheit lassen. So zerre ihn nicht hinter dir her und bleibe nicht langsam oder gar störrisch zurück. Am schönsten ist immer die Harmonie, und das heißt in diesem Fall: Lass ihn *Bei Fuß* gehen, als sei da gar keine Leine, gib ihm das Gefühl. Und ohne Leine, ja, zwei freie Wesen laufen da nebeneinander, gemütlich, ein Vierbeiner und ein Zweibeiner, das ergibt, ganz klar, einen Sechsbeiner. Und so isses ja auch! Auf dem freien Feld kannst du ihn dann ruhig mal vor sich hin schlurfen lassen, der, mit seinen zwei Staken, kann's halt nicht besser.

Menschen sind übervorsichtig, ja ängstlich. Sie haben den »Leinenzwang« ersonnen – was für ein Wort. So behindern sie uns Hunde noch bei den wichtigeren Geschäften, oder die Leine verheddert sich und wirft mal ein Muttchen um. Kann doch passieren, wenn deine

Bewegungsfreiheit dermaßen eingeschränkt wird, du aber gerade spielen musst. Nein, das alles ergibt nur Gewürge, Gezerre.

Gewiss, die Leine kann auch ein Schutz sein in Gegenden, die du nicht kennst, oder wenn es mal hektisch wird, das geschieht bei Menschen sehr leicht. Zuweilen ist eine Leine gar dein Retter, sagen wir, wenn du einen ganz großen, ganz bösen Köter (tut mir leid) anblaffst. Mit einer Leine um den Hals musst du nicht Ernst machen. Man weiß nie, wie die Rauferei ausgehen würde.

Natürlich, ein stinknormaler Struppi von der Straße, der weiß sich durchzusetzen, und das ist allemal besser als ein abdressierter Schniegelvorzeigehund, der auf Kommando Männchen macht, oder Frauchen. Andrerseits willst du überall dabei sein, auf Reisen, im Restaurant oder wo, und es gibt eben Leute, die mögen nicht angeschnuffelt werden oder was. Kannst du ja nicht riechen. Auf unbekanntem Terrain, will ich sagen, gibt eine Leine euch beiden Sicherheit, Halt. Eine Leine hat aber noch einige andere Bedeutungen.

Menschen sind nicht gerade die treuesten Hausgenossen, sie sind, wie gesagt, bindungsarm und sträuben sich dagegen, ein Sechsbeiner zu werden, jedenfalls in ihrem Vorderkopf. Menschen zum Beispiel verlassen dich und gehen weg zu dem, was sie Arbeit nennen. Es scheint sich aber eher um das Geld zu drehen, das sie dabei verdienen, denn sie stöhnen laut, wenn sie ausrücken, es zu ergattern, oder wenn sie es rausrücken müssen, um etwas Wichtiges anzuschaffen, beispielsweise dein Futter. Daneben geben sie es für völlig widernatürliche Dinge aus, wie einen neuen Teppich, den man, besonders in der ersten Zeit, keinesfalls beschmutzen darf. Sie werfen es überhaupt für lauter närrisches Zeug hinaus, wie zerbrechliche Dinge aus Glas und Porzellan, neue schicke Kleider und sonstwas aus Seide, kurz, Sachen, denen du nicht nahe kommen darfst.

Auch verkünden Menschen lautstark ihre Abneigung gegen Arbeit. Warum sie also weggehen und dich allein lassen, bleibt gänzlich unerfindlich, denn du magst dir ja kaum vorstellen, dass sie *Geld* und *Arbeit* nur als einen Vorwand benutzen, dich zu verlassen. Egal - eine Lüge kommt dem Menschen wahrer vor als die einfachste Sache: mit dir gemeinsam durch die Welt zu streifen, verdammt noch mal. Solcherlei Lebensentwürfe gelten oft genug nur fürs Wochenende - oder sind überhaupt für die Katz. Aber das ist eine andere Geschichte.

Menschen beschäftigen sich gern mit schöngeistigen Dingen, in ihrem Kopf kannst du herumspazieren nach Belieben, das erwähnte ich bereits. Dazu all die Alarmtöne der Körpersprache. Ich sage dir, der Mensch - ein offenes Buch! Das kapiert man schon bei den Morgenriten. Hastig eine Semmel in den Mund geschoben, Tasse Kaffee geschlürft, dich kurz, und immer mit einem Schielen auf die Uhr, vor die Tür gelassen – also so ein Tag verspricht nichts Gutes. Du wirst wieder warten müssen. Anderntags der kleine Frühwatz zum Zeitschriftenonkel oder zum Bäcker, und du selbst hast Gelegenheit, deine Zeitung in allen Ecken, an all den Bäumen zu lesen, wer war schon da, wer noch nicht, na, all

das. Und endlich kommt das gemütliche Frühstück, nach dessen Ende dir dieser Tag einen wunderbaren Spaziergang verheißt.

Und dann die ganzen anderen Aufbruchssignale, die man schon ihren allerersten Vorzeichen geradezu anriecht. Mantel anziehen oder die festen Ausgehschuhe, meine Güte, so grobe Dinge sind ja gar nicht zu übersehen, dergleichen begreift sogar dein Mensch. Doch die feineren, leiseren Töne, die werden ihn immer wieder wie ein Wunder anmuten: dass du das mitbekommst.

Nein, schon wie er sich die Zähne putzt, welche flüchtigen oder gründlicheren Waschorgien er feiert, schon wie er aufsteht, ich sage ja, ein offenes Buch. Oder sein kurzer Blick zum Fenster hinaus. Gefährlich das, denn wenn's draußen heult und schüttet, kann es geschehen, dass er sich die Sache anders überlegt, der Schuft. Und ihn dann wieder umzustimmen, ist nicht eben einfach.

Mit alledem will ich sagen, zwischen dem Hund und seinem Menschen gibt es eine weitere, eigenartige Leine, mehr eine in Kopf oder Bauch, eine Leine, die man nicht an einen Haken hängen und für eine Weile vergessen kann, eine, die mehr in der Seele besteht, aus so feinem Stoff.

Rührend, manchmal stellen Menschen das - und damit dich - auf die Probe, weil sie's einfach nicht glauben wollen. Bekakeln das, bauen eine waschechte Versuchs-

anordnung, etwa eine kleinere Gesellschaft um einen Tisch. Im Normalfall, weißt du, musst du Ruhe geben, und üblicherweise geht's nach solchen Gelegenheiten zumindest einmal um den Block. Nach einer Weile, die sie, schlau, schlau, zuvor verabredeten, stehen sie auf, imitieren laute Verabschiedungsriten, lärmen entsprechend dazu, alles wie immer und nichts wie immer, du hörst es und siehst es ja, du durchschaust das Manöver. Du magst dich womöglich an der Leine herumführen lassen - an der Nase nicht! Verziehst keine Miene, keine Pfote rührst du für den Blödsinn, und gleich hocken sie wieder und ratschen und wundern sich, dass du die deutlichen Aufbruchssignale anders als sonst nicht freudig bebelltest.

Und natürlich umgekehrt, sie wollen sich heimlich, still und leise davonstehlen, sich verdrücken, ohne dich, ach, ihr lieben Menschen, welch geringen Verstandes seid ihr gesegnet. Ein so simples Einmaleins kann euch jeder Hund im Schlaf herbeten. Es gibt so viel mehr Dinge zwischen Himmel und Hundereich, wie ihr euch gar nicht vorstellen könnt. Ihr, euch heimlich verdrücken, und ich soll das nicht merken? Pah! Wer in des anderen Kopf zu lesen versteht, lässt sich nicht irritieren durch beliebiges Schaugehabe. So hab' ich's gehört von Freund Bauschan, und so ist es. Warum lernt stattdessen ihr nicht mal eine Hundeseele von innen kennen? Doch das ist wieder eine andere Geschichte.

Die normale Leine ist ja wohl eher ein gleichgültig Ding; die Leine, das steht fest, ist gar nicht die Leine - sie ist eigentlich nur das Symbol für euer beider Zugehörigkeitsgefühl, für den Zusammenhalt eben, und das meine ich mit dem Wort: Immer schön *Bei Fuß* durch den Kopf des anderen. *Bei Kopf,* ja, das wär' mal ein lebenskluger Befehl.

Man muss seinem Menschen hin und wieder zu verstehen geben, dass man ihn verstanden hat, noch bevor er selbst wirklich verstand, was er da gerade versteht - ich hoffe, ich drücke mich verständlich aus. Ist auch wirklich schwer, denn eigentlich handelt es sich dabei um Esoterik oder sonstige Wunder, denkt der Mensch, und dann staunt er natürlich. Natürlich ist es nicht natürlich, dass Hund und Mensch einander so inwendig kennen, will ich mal sagen, sondern völlig übersinnlich, wird er meinen. Ist doch klar, hat keine Ahnung von deinen Kopfspaziergängen, die jeder Hund drauf hat. Aber verrat's nicht, denn so wird er dir von Zeit zu Zeit mit einem gewissen Erschauern begegnen, wenn nicht sogar mit Respekt.

Wunder gibt's eben nicht. Nur wundern muss man sich bisweilen. Denn die Leine wird manchmal willkürlich zerrissen, Menschen können treulose Gesellen sein. Sie verlassen dich, geben dich weg, ins Heim oder sonstwohin, will ich mir gar nicht ausmalen, sonst werd' ich noch traurig. Sie werfen dich fort wie eine Sache, die sie nicht mehr benötigen, hat sich ausspaziert miteinander, oder sie behandeln dich von Anbeginn, wie kein Hund auf diesem Planeten - oh, lasst mich mein Klagelied hier beenden. Kann ja jeder selber wissen, und traurige Dinge gibt's genug auf der Welt. Käme ein Hund je auf solche Ideen? Na also.

Und was das alles bedeuten soll? Ganz einfach. Der Hund und sein Mensch *sind* immer schon ein Sechsbeiner, ob sie's nun wahrhaben wollen oder nicht. Mit oder ohne Leine. Mit wirklicher oder bloß symboseelischer Leine. Alles egal. Kannst ja auch einen Hund nicht in zwei Zweibeiner teilen.

Und wenn ich es recht bedenke, gehört das ganze Thema Leine durchaus in das Kapitel Sensitivitätstraining. Oder handelt davon womöglich das ganze Buch? Ach, denken ist so schwer.

## *Nachdenkliches über die Rangfolge im Menschenrudel*

Immer mehr Hunde, kann man neuerdings sehen, halten sich junge Menschen. Einfach so, als gleichberechtigte Partner, leben mit ihnen zusammen und strafen auf diese Weise alles Gerede vom vereinzelten Dasein Lügen. In jedem Fall ist das sehr vorsorglich gedacht, denn Forscher haben jüngst herausgefunden (das ist mal sinnvoller Wissensdurst!), dass der partnerschaftliche, also der richtige Umgang von Hund und Mensch vor allem bei letzterem Zivilisationskrankheiten wie Herz-Kreislauf-Probleme oder gar Ängste, Neurosen und Kontaktarmut verhindern hilft. Ist ja klar. Das Verhältnis muss entspannt sein. Lebensfreude ist ohnehin mehr als gesund. Und in jedem beliebigen Park lernst du eine Menge Hunde und Menschen kennen, nette und blöde, wie's gerade kommt. Allein bist du dort nie, wenn du's nicht sein willst. Wer soll dabei Gelegenheit für Ängste haben? Und was, überhaupt, sind Neurosen?

Nun will Harmonie natürlich geübt sein. Durch Unstimmigkeiten und Missverständnisse entsteht leicht mal ein Krampf, im Bauch, im Kopf, egal, Stress nennt man das, also Gift für jede ordentliche Beziehung.

Wenn ein Hund sich mal falsch verhält, ist eigentlich immer sein Mensch daran schuld - er hat seinen Partner zu frei gelassen oder zu sehr unterdrückt, hat sich nicht mitgeteilt, seine Wünsche und Vorstellungen dem anderen nicht klar gemacht. Und umgekehrt genauso, wenn ein Mensch etwas falsch macht, hat er nicht richtig auf den Hund gehört. Wie leicht werden da zwei zu seelischen Strohköpfen, die einander gar nichts mehr mitzuteilen haben.

Erziehung ist das halbe Leben - das bedeutet, sich aufeinander einzustimmen, miteinander abzustimmen. Erziehen heißt ja nicht an den Ohren ziehen! Es ist dies mehr etwas zwischen Ahnen und Verstehen, zwischen abhängig sein und doch selbstständig. Das, zunächst mal, ergibt, wenn man es lebt, eine ordentliche Beziehung. Damit diese aber wirklich gut oder womöglich glücklich werde, muss man einige Dinge beherzigen (das ist ein schönes Wort).

Menschen lernen nur im Ausprobieren, im Spiel. Du kannst sie nicht formen, und sie würden's auch gar nicht akzeptieren. Und Menschen brauchen Lob wie wir. Also muss man sie motivieren und noch mal motivieren und nur ein wenig konsequent bei seinen Zielen bleiben. Das ist schon das ganze Geheimnis.

Als Hund darfst du keinen Ehrgeiz entwickeln, das versteht sich ja von allein. Wenn du einen Menschen erziehen willst, musst du ihn erst mal nehmen, wie er ist, einen anderen hast du ja auch nicht, und erst dann beginnst du vorsichtig und einfühlsam und ganz, ganz langsam, ihn da so längs zu dirigieren, beherzt, will ich mal sagen, weil ich das Wort so mag. Also die Klippen, na, ich meine, irgendwelche harten Konfrontationen solltest du vermeiden, und er natürlich auch. Denke langfristig, auch wenn dir das noch so schwer fällt, du musst dir Ziele stecken, aber nicht zu genaue, und nicht so von jetzt auf gleich. Dazu gehören ferner vertrauensbildende Maßnahmen, also dass dein Mensch dich wirklich annimmt und dir das zu verstehen gibt, und auch, wenn mal eine Miststimmung ist, nicht gleich durchdreht, na, das und noch mehr. Der ganze Rest ist blitzeblanke Hoffnung.

Die Ausbildung des Menschen verlangt Intelligenz, Beobachtungsgabe, Fantasie und die geduldigste Freundlichkeit. Dem kommt entgegen, dass beide, Hund und Mensch, rudelorientiert sind und unter längerer Isolation leiden. Das kann man sich zunutze machen, indem man seinen Menschen überallhin mitnimmt, das habe ich ja schon mehrfach betont. So probiert man in jeder neuen Situation sich selbst neu aus, und mit der Zeit kennt man alle Träume und Wünsche und Ideen des an-

deren – freilich auch seine Macken. An der Rangfolge nämlich darf keinerlei Zweifel bestehen – der Mensch sei dein Alpha-Tier, musst du dir merken, und das bedeutet, das meiste geht nach seiner Nase, so möchte er sich das nun mal vorstellen. Das ist vielleicht die größte Geduld, die man aufbringen muss: dass der Mensch als seinen Willen ansieht, was du ihn zuvor geheißen hast. Das ist dann schon eine sehr gute, ja glückliche Beziehung, von der ich da spreche. Wer hält schon wen? Wir halten uns doch gegenseitig! Abhängig sein und selbstständig, und beides ganz freiwillig und einträchtig, so irgendwie, und den anderen nehmen, wie er ist.

Tja. Ich rede nur von Hunden, eigentlich, denn wie das bei Menschen ist, weiß ich nicht.

Viele stellen sich das Leben in der Stadt als besonders hart vor. Aber ich sage euch, Vorort und Land sind auch nicht das Paradies. Wo überhaupt kann man hierzulande frei herumlaufen, ohne vom Jäger erschossen oder von einem Auto angefahren zu werden, um nur mal zwei Beispiele zu nennen. Man muss sich arrangieren, nehmen, was man hat, das ist der zweite oder dritte Teil des ganzen Geheimnisses.

Nur: Egal, wo du lebst – jedes Wesen braucht, neben all dem Futter für'n Kopf und für'n Bauch, Bewegung. Lass dich nicht täuschen, der Mensch muss raus. Dreimal täglich für deine ordinäreren Bedürfnisse, einmal täglich lange und ausgiebig für euer beider Wohlergehen, bei Wind und bei Wetter. Nur Verdauungsspaziergänge, wie dein Mensch sie vielleicht für dich als ausreichend empfindet, sind nicht genug, auch für ihn nicht. Und 'n großer Hund will zwei Stunden laufen!

Aber lass ihn mal eine Weile Stöckchen werfen, das ist schon mal was und lockert seine Gelenke, und vielleicht kriegt er Lust auf mehr. Dann bisschen Gespräch, Auge in Auge, sicher noch bisschen Körperkontakt, seine Hand an deinen Hals, wenn's mal lärmig oder aufregend ist im Stadtgewimmel und überhaupt, auch dein

Kopf, deine Schulter an sein Bein, damit er mitbekommt, dass du da wirklich *bist,* dass du da *wirklich* bist - also das alles wäre schon mal recht ordentlich. Wohlverstanden, ich rede vom Mindesteinsatz. Wenn eins davon fehlt, such dir gleich einen anderen, einen besseren findest du allüberall. Und der Rest ist ja ohnehin Erziehung, also bloße Hoffnung, wie gesagt. Doch wer wagt, gewinnt.

Ich will nicht bestreiten, dass es feineres und eher unfeines Benehmen gibt – der eine Mensch nimmt's, wie's kommt, der andere verhält sich pingelig. Das Betteln zum Beispiel kann man durchaus als eine der schönen Künste betrachten und betreiben, doch nicht jeder mag's. Gegen das Pfotegeben hat kaum einer was einzuwenden, und gegen all die verschiedenen Formen des Wedelns noch viel weniger. Freilich kann man es übertreiben, und dann nervt's. Kommt eben drauf an, das richtige Maß zu finden. Sehr wenige mögen das Menschenküssen, obwohl es nun mal das Schönste bleibt – so richtig mit Hochspringen und 'nem Schmatz gegen die Menschennase. Einfach das Höchste. Doch du musst schon ein sehr besonderes Frauchen oder Herrchen besitzen, wenn die das zulassen. Also, es gibt eine Menge Grenzfälle, will ich sagen. In einem richtigen Rudel ist alles sehr übersichtlich, findest alles schnell heraus, jeder weiß, wo er steht, was er darf und was nicht, und echten, rampeligen Streit gibt es da nie. Nur auf Kinder sei achtsam, bei denen weiß man nie, was der nächste Augenblick bringt.

Bei der Beziehung zum Menschen ist vieles sehr unübersichtlich, Menschen sind überhaupt sehr schwer einzuschätzen. Mal darfst du die Erde umgraben bis zum Gehtnichtmehr, mal kriegst du das aus heiterem Himmel verboten. Wer soll sich da auskennen? Oder man stellt etwas an, ich weiß nicht, vielleicht futtert man irgendwas Schönes, Verbotenes, im Park, hach, lag da so lecker rum, dann schreit der Mensch *Komm!* Du kommst auch brav, und dann wirst du bestraft. Das gibt doch keinen Sinn, man kommt, um sich eine Strafe abzuholen? Nicht mit mir. Kann kein Hund begreifen.

Ich gebe ja zu, dass eine kleine Zurechtweisung hin und wieder mal sein muss. Wenn beispielsweise irgend so 'n hergelaufener Hundekollege in deinem Revier herumstreift, erklärst du ihm ja auch ganz genau, was er zu lassen hat, und sei es sogar, du zeigst ihm ein paar Zähne. Aber du knechtest ihn nicht.

Ein unterdrückter Hund nämlich verliert jede Bindung - wie erst die zu seinem Menschen. Ganz ähnlich dem, der alles darf. Dazwischen tobt ja gerade das pralle Leben, das breite, aber feine Gespinst differenzierter Beziehungen, mit freundlichen Kontaktaufnahmen beiderseits und natürlich ganz ohne aggressive Auseinandersetzungen. Aber, wie gesagt, ein gewisser Druck soll schon mal sein, aber doch bitte eher fein und gebildet.

Die meisten Hunde verstehen klar genug, was ein grimmiger Blick bedeutet, andere wollen schon mal deutlich ins Fell gepackt kriegen. Das eindeutig akzeptierte Regelwerk in der günstigsten Zweierbeziehung zwischen Hund und Mensch lautet, auf den Punkt gebracht: Der Hund ist nicht der erste, aber auch nicht der letzte. Irgendwie dazwischen liegt die Wahrheit. Denkt darüber nach.

Und wenn wir schon vom Strafen reden: Menschen müssen so viel lernen! Immer noch kenne ich welche, die den berühmten *Klaps mit der Zeitung* für gar nicht so schlimm halten. Fürchterliche Leute, die nicht einsehen, dass solch ein scheinbar harmloser Klaps direkt ins Herz geht und da seinen Schaden anrichtet. Ich meine, böse gucken und dazu noch schelten - das ist doch genug, und jeder zivilisierte Hund wird's verstehen. Auch beim Strafen muss der Mensch sich noch einige Mühe geben. Es versteht sich ja von allein, dass Schläge und sonstige Gewalt nichts bewirken, nur verhärten, wirst du nur bockig oder unbeherzt, knickst gleich mit der Seele ein. Also: Immer muss die Situation überschaubar sein, damit man versteht, worum es geht. Und immer schön konsequent bleiben, kein Hin und Her und Zurück. Wenn noch ein Überraschungsmoment dazukommt und ein gewisser dramaturgischer Effekt - also besser kann man's nicht machen.

Wenn's denn mal deutlicher zugehen soll, na, ein hauchleichter Klaps mit offener Hand unter die Kinnlade, und böse Worte dazu, oder zu beiden Seiten des Halses ins Fell greifen und leicht schütteln und böse Worte dazu, oder ins Nackenfell und böse Worte dazu … Da muss es aber schon schlimm gekommen sein, und sensiblere Hundenaturen vertragen das nicht. Die strengen Worte sind es ja, die Stimmung dahinter, die eigentlich wirken.

Das Schönste am Strafen ist die Versöhnung. Beknirsch dich nicht und lass deinen Menschen ruhig mal ein Weilchen schmoren. Halbe Stunde warten, scharwenzle nicht gleich um ihn herum und lass dich nicht sofort aufmuntern, schließlich willst du dein eigenes Gleichgewicht wiederfinden. Am schlauesten ist er, wenn er mit dir einfach spazierengeht, nach einem Anstandsviertelstündchen. Vor allem keine dramatischen Szenen bitte, und lass deinen Menschen nur ja kein schlechtes Gewissen haben. Jeder will sein eigenes Leid doch auch ein wenig auskosten.

Das Allerschönste am Strafen ist, wenn es gar nicht erst stattfindet. Ich meine: Loben reicht für das normale Leben. Auch beim Loben müssen Menschen einiges lernen. Können's untereinander schon nicht. Soll immer noch welche geben, die nie gehört haben, wie wichtig es ist. Mal einen Tätschler und häufiger ein gutes Wort, sonst gehst du doch ein. Aber die meisten verwechseln Lob mit Leckerbissen – was nur Bestechung ist und unter der Würde einer anständigen Hundeperson. Natürlich ist so 'n Keks eine wunderbare Entdeckung, aber ein Keks mit 'ner Absicht, also ich weiß nicht, ob der schmecken kann.

Lob will gut dosiert sein. Du nimmst zum Beispiel Platz, weil dein Mensch dich darum bat. Wenn er dich darauf überschwänglich lobt mit Juhu und Gedöhns, na, da springst du natürlich auf und tanzt herum und freust dich mit, und die Enttäuschung ist groß, weil du nicht Platz behalten hast. Ein normalkleines Lob reicht oft, es braucht alles sein Maß.

Menschen und Hunde sind *doch* gleich, will ich sagen, und eigentlich wie alle Tiere. Neulich am Kanal hab' ich's genau gesehen. Kam so ein Trupp angepaddelt, eine große Ente und sechs winzige Küken, fiepsten herum und interessierten mich natürlich sehr. Plötzlich gackert die Alte los, und da flitzen die Kleinen ganz dicht zusammen, und die Alte dirigiert sie streng mit ihrem Kräken, immer schön scheußlich weit weg von mir, durch diese enge Stelle, an der ich sie beinahe – aber nein, wie ein kleines Boot oder so 'n Ball oder was flitzen die Mätze an mir vorbei, tanzen auf den Wellen, ich hatte wirklich das Nachsehen. Und gleich ein paar Meter weiter lässt die Alte sie auch wieder, klappert Entwarnung oder wie die das machen, und jeder der Kleinen pütschert für sich allein herum, als wär' nix gewesen, und schnabuliert und freut sich des Lebens.

So ähnlich muss man das auch mit Menschen machen, und Menschen mit Hunden und alle mit allen.

Wenn's drauf ankommt, muss alles klappen, und dann wieder schnuffelt jeder seinen eigenen Ideen nach. Einzeln für sich und gemeinsam, und das irgendwie zusammen. So stelle ich mir das vor.

# Ungeordnete Gedanken über die Würde einer Hundeperson

Noch im kleinsten Pinscher lebt das ehrwürdige Erbe des Wolfes, vergesst das nie. Überlegt euch gut, ob ihr ein solches Tier in alberne Kleidchen, Schühchen und Deckchen steckt, ihr Frauchen und Herrchen, es mit Sonnenbrillchen und Hütchen verunziert, Bändchen ins Haar, und herumpuppt mit ihm, als sei's ein Stück aus dem Spielwarenladen.

Die Würde des Hundes ist unfassbar? Durchaus nicht. Und was nicht alles liest man über den Menschen daran ab: Ob der Hund fett ist wie eine Walze und nur noch mühsam und schnaufend sich vorwärts bewegt (wirklich ein dicker Hund!). Ob Hunde in Ausstellungen vorgeführt werden wie Zirkuspferdchen, ob man ihnen Schwanz und Ohren beschneidet, damit sie irgendwelchen Schönheitsidealen entsprechen, wie nur Menschen sie sich auszudenken vermögen. Ob man sie als Beißmaschinen missbraucht, als Kothaufenproduzenten, weil sie die Straßen vollköteln, verachtet oder als eine Art Babyersatz täglich badet, shampooniert und fönt - einige Hunde haben es schwer mit ihren Menschen. Aber eins nach dem anderen und immer schön der Reihe nach.

Mit dem Fressen ist das so eine Sache. Es ist natürlich nett, dass man sich die raffiniertesten Futtersorten ausgedacht hat, aus der Dose, aus dem Beutel, von matschig bis trocken gibt's ja alle Sorten, berechnet nach Nährwert und ausgewogenen Inhalten und so fort. Kannst du überall nachlesen. Aber es haben sich da zahlreiche Missverständnisse, kann man sagen: eingenistet. Menschen werden zu Tischgenossen - nicht gerade die feine Hundeart. Das bringt einen einerseits auf die Idee, zu betteln, was nicht jeder leiden kann, und andrerseits verführt es auch die Menschen dazu, uns Hunden fortwährend etwas zuzustecken, als eine Art Liebesersatz, stell' ich mir vor. Das ist nun weit unter unserer Würde! Klar, es schmeckt dem Menschen, wenn er sieht, dass es dem Hund schmeckt. Doch ein dauerndes Naschangebot korrumpiert das charakterstärkste Wesen.

Auf der anderen Seite soll man sich auch nicht so anstellen. Gut ist durchaus, was der Mensch isst, und ein Vorurteil, dass Käserinden unsere Nasen verdürben. Was ist gegen einen Lammtopf mit Kartoffeln einzuwenden, was gegen Quark, gegen Nudeln oder ein

Stück Brot mit Wurst? Na ja, es müssen ja nicht scharfes Gulasch mit dicker Sauce oder zuckrige Torten gereicht werden, aber gar so gesundheitsapostelig muss es nun auch wieder nicht zugehen. Eine gesunde Mischung wird es sein. Und wie isst der Mensch? Na also.

Gewiss darf man nicht übertreiben, und wenn da mal im Park oder wo eine wunderbare Mahlzeit herumliegt, würde ich sie meinem Menschen am liebsten anbieten. Findet der aber »Dreck« und rümpft die Nase. Die Geschmäcker sind eben verschieden.

Vergrabene Nahrungsreste oder Knochen sind das Schönste, vorverdaut von Mutter Erde, Geschmack und

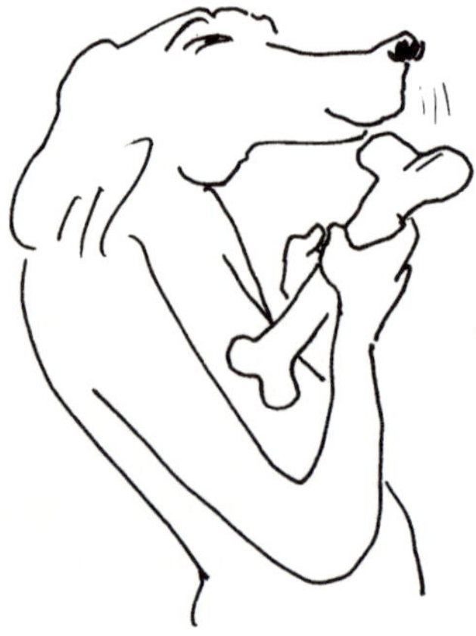

Geruch erstklassig, wie alter Käse, im Boden gereift - und gesund, kann ich dir sagen. Viel besser jedenfalls als im Eisschrank Vergammeltes, womöglich noch mit Schimmel darauf, *das* schlägt auf den kräftigsten Magen.

Eher auf den Geist geht, wenn Menschen dich persönlich überfordern - da gibt es durchaus empfindlichere Hundeseelen. Wenn sie allzu lasch mit dir umgehen oder dich über die Maßen verzärteln, verwirrt dich das, ich erwähnte es schon. Aber nehmen wir mal an, Frauchen und Herrchen krachen sich dauernd, trennen sich und ziehen in verschiedene Wohnungen, oder sie bekommen plötzlich Nachwuchs und kein Aas kümmert sich mehr um dich. Manchem reicht's schon, wenn sie mit ihm in eine ganz andere Ecke der Stadt ziehen, weg sind seine geliebten Plätze, und er kennt sich nicht mehr aus, womöglich noch an einen Ort, wo's lärmt und stinkt und er seinen einfachsten Bedürfnissen nicht mehr gefahrlos nachkommen kann. Andere reagieren nervös, wenn man den Tagesablauf plötzlich ändert, ewig und drei Tage vor der Glotze hängt, und nicht geht es raus mehr mit dir, oder es geht raus, aber ganz weit weg, in ferne, heiße Länder, wo du in Hotels hockst und immer nur still und sauber sein musst (wenigstens bist du dabei - ein Trost?).

Besonders wenn sie Launen haben, die Menschen, nicht vorhersehbare, wechselnde Stimmungen, du erwartest eine Strafe, aber kriegst einen Keks, und natürlich umgekehrt, statt eines freundlichen Morgenstreichlers hast du, zack, eine sitzen, weiß der liebe Himmel, warum. Also bitte, ein bisschen Ordnung muss sein. Du willst doch wissen, was richtig, was wichtig ist und wie der andere sich verhält, und nicht alle naslang erneut darüber rätseln.

Ein Rudel, ich sagte es schon, muss immer schön übersichtlich bleiben, sonst drehst du leicht durch, rennst bellend hinter Motorradfahrern her, beißt den Briefträger oder hast vor dem kleinsten Lärmchen Angst. Seelische Defekte, um das mal ganz gebildet zu formulieren, sind kein Privileg der Menschen. Und wenn du genau hinguckst, findest du solch merkwürdiges Verhalten bei denen auch. Meist drückt es sich in übertriebenen Aggressionen gegen Fremde oder gegen die eigene Familie aus. Auch wenn sie Briefträger nur selten beißen.

*We are the champions?* Denkste. Jeder hat den besten Hund, ist doch verständlich, aber auf Ausstellungen wollen sie es ganz genau wissen. Nennen es Hundeausstellung, werden aber Menschen ausgestellt. Und jeder giert und jibbert nach einem Kitschpokal und ist belei-

digt, wenn du es mal wieder nicht gebracht hast. In Wirklichkeit dreht sich, wie meist bei den Menschen, alles ums Geld, um das Zuchtprodukt Hund, wie es feinfühlig heißt – genau so, als ließest du Menschen mit besonderen Pos, Busen oder Beinen immer aufs Neue miteinander Kinder kriegen, und wieder und wieder, und dann hast du irgendwann einen perfekten Bein- oder Busen-, womöglich noch Pomenschen, das wär' ja fast lustig. Den könntest du dann ausstellen als besten Po und mit Lorbeer und Schleifchen behängen, hihi.

Und was siehst du auf solchen Hundeausstellungen? Jede Menge zitternde Frauchen und Herrchen, die manchen ihrer Hunde die Schwänze ganz oder teilweise abgezwickt haben, ihre Ohren zugeschnitten, als wär's ein Stück Papier, mit Schnittmusterbogen, Hunde mit blutunterlaufenen, ewig entzündeten Triefaugen oder welche, die ihr eigenes Gewicht nicht mehr tragen können (vom Laufen wollen wir mal schweigen), chinesische oder sonstige Nackthunde, bei denen sich kein Härchen mehr zu sträuben vermag, Kurznasen, denen du sogar das Atmen erst wieder beibringen musst, oder Hunde mit gewaltigen Unterbissen, denen es buchstäblich ins Maul hinein regnet – eigentlich kein Wunder, dass auch welche darunter sind mit so vielen Falten, dass sie die eigenen Augen gar nicht mehr aufmachen mögen. Aber bitte, ihr Menschen, solche Qualzuchten müssen wirklich nicht sein, denn eine Sünde ist all das, jawohl.

Man soll auch die Nase nicht rümpfen über einen ringelschwänzigen Mischlingshund und ihn Köter nennen – gerade die sind oft besonders charakterfest. Und nicht jeder kommt gleich als eine Mordsdogge zur Welt oder als Irischer Wolfshund, wahrlich nicht. Mancher lächelt gern über Yorkshireterrier oder Chihuahuas, weil sie in die Handtasche passen und zuweilen bunte Schleifchen tragen müssen. Aber auch sie haben ihre eigene Hundewürde und, werden sie nicht vom Menschen verhätschelt, ein hundewürdiges Benehmen – sie sind schließlich, wie wir alle, Nachfahren des Wolfs. Erschauert – und merkt euch das.

Menschen haben ziemlich undurchschaubare Ordnungssysteme, und sie klammern sich mit wunderlicher Halsstarrigkeit daran. Ihr oberster Wert scheint die Reinlichkeit zu sein. Dazu gehört, dass alles *ordentlich* ist (zum Beispiel wenn Besuch kommt), und *sauber* – und letzteres gilt auch für uns, leider nicht nur, wenn Besuch angesagt ist. Die meisten Menschen legen eine

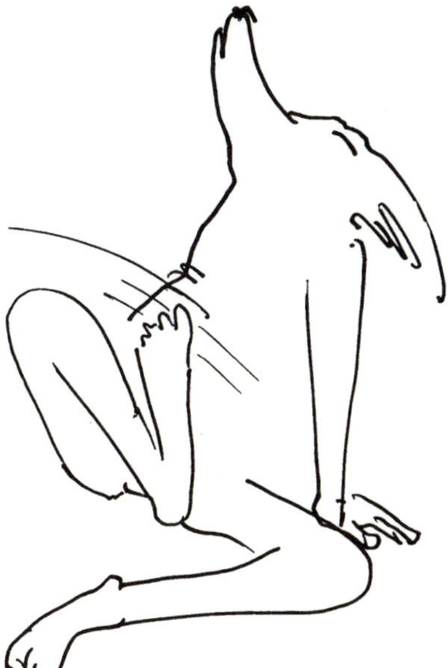

maßlose Leidenschaft fürs Saubermachen an den Tag, sie waschen ihre Kleider, ihre Gebrauchsgegenstände, ihre Kinder, ihr Auto, ihr Haus von oben bis unten, ja sogar ihre Hunde. Sie bürsten ihre Zähne, ihre Teppiche und Böden, ihre Schuhe, nichts entgeht ihrer Putzwut, nicht das kleinste Flöhchen. Sie entstellen ihren eigenen Geruch, indem sie sich mit Stinkwässerchen besprühen, und machen sich so selbst unkenntlich. Lebensmittel von unbestreitbarer Qualität – liegen die einmal unversehens auf dem Boden, heißt es igitt, und du kannst von Glück sagen, wenn du's noch verputzen darfst.

Von einer Erziehung des Menschengeschlechts in dieser Hinsicht darf man sich kaum etwas erwarten. Haben sie erst einmal Lappen und Putzeimer in der Hand, sind sie durch nichts mehr zu bremsen. Da bleibt dir nur, die übelsten so angerichteten Schäden selbst zu reparieren, zum Beispiel durch deutliche Drecktappen im Flur, bis zur Küche, wenn sie dich lassen, oder durch Verbreitung schönerer Düfte, wenn du dich mal gewälzt hast, sagen wir, in einem herrlich frischen Pferdeapfel, oder dich gesuhlt in einem schrecklich wunderbaren Schlamm.

Aber wehe, sie bekommen das mit. Dreck! heißt es da, du stinkst! Und ab geht's in die Wanne. Na ja, ich seh's ja ein, manchmal muss es einfach sein, aber doch

höchstens ein paarmal im Jahr. Warum lecken sie dich nicht ab? Wär' doch nett. Und schütten statt dessen literweise Shampoo über dich, dass du dich tagelang kratzen musst oder gleich wieder wälzen, um all die künstlichen Gerüche im Nu zu vertreiben. Denn dein unbehandeltes, eigengefettetes Fell ist der beste Schutz gegen alles. Dickes Fell eben.

Und wenn du voller Sand bist - auftrocknen, schütteln, fertig. Doch die meisten Menschen machen ein unheimliches Getue darum. Sogar ihre eigenen Kinder erziehen sie reinlich. Peinlich.

Die Welt, so sehen es manche, ist voller Hundehaufen. Ein heikles Thema, das gleichwohl etwas mit Würde zu tun hat. Warum nicht etwas Unangenehmes zur Sprache bringen (und ganz nebenbei vielleicht einen kleinen Stadtknigge für Mensch und Hund liefern)? Die Stadt ist fürs Häufeln natürlich äußerst unnatürlich, also unpraktisch, will ich meinen, und deshalb kommen immer wieder Leute auf die Idee, man solle Hunde so ziemlich abschaffen.

Na ja, das Argument ließe sich durchaus umdrehen, denn der meiste Dreck, der in den Straßen, auf Gehwegen, in Parks und in Fußgängerzonen herumliegt, stammt von Menschen, und die Beseitigung dessen (ich meine des Drecks) kostet am meisten Mühe und Geld - das werden die Menschen vielleicht am ehesten als Grund anerkennen. Was sehen wir denn so herumliegen - Plastik- und Papierabfälle, Obst- und Lebensmittelreste, Sperrmüll, abgelegten Hausmüll, Flaschen, Scherben, Dosen, Kaugummi, und dann erst kommt, in der Reihenfolge der Mengen, der Hundedreck. Menschendreck liegt auch in den Parks, und das nicht zu knapp.

Ja, sicher, wer direkt in so einen Kötel tritt, der sieht die ganze Welt als einen einzigen Hundehaufen an.

Dem kann man abhelfen. Nur müssen Frauchen und Herrchen sich ein klein wenig Mühe geben. Wie wär's mit einem Lob – ganz wie man Menschenkinder hosenrein kriegt. Und was so 'n einfaches Kind lernt ... Na! Wie schnell zum Beispiel weiß man nach einem Lob: Wo dir Gras unterm Hintern wächst, darfst du. Dass es auf dem Grünstreifen besser ist als auf dem Bürgersteig. Ohnehin sucht sich jeder Hund seine Lieblingsplätze. Und so gibt es eine ganz natürliche Entwicklung, erst ist

man stubenrein, und das dehnt sich dann aus auf die Wohnung, das Haus, den Garten, und selbst wenn man den Garten nicht verlassen kann, legt man sein Ei in die entfernteste Ecke, ist doch klar. Es bedarf ja nur einiger Aufmerksamkeit der Menschen. Doch die sind oft achtlos. Wehe aber, wenn sie selber mal in so 'n Ding treten, da schelten sie, musst du mal zuhören.

Ich will damit sagen: Dies ist eine Hauptaufgabe für uns, nämlich unseren Menschen zu erziehen, dass er sein kleines Augenmerk darauf richtet und uns die richtigen Orte zeigt. Alles eine Frage der Gewohnheit. Als Hund kannst du nicht gleich alles wissen aus der Menschenwelt. Und von anderen, die sich ärgern, als Kötelköter beleidigt zu werden, ist auch nicht lustig. Das natürlichste Bestreben eines jeden Hundes ist doch, sich seitwärts in die Büsche zu schlagen fürs große Geschäft, ein bisschen Diskretion soll wohl sein. Überall gibt's doch Orte, an denen du unbemerkt etwas ablegen kannst, niemand guckt dir zu oder meckert, hat ja dann keinen Grund dazu. Dein Mensch muss dich nur lassen und eben ein wenig darauf achten. Mit Lob. Eine Sache der Höflichkeit. Der Menschen, wohlgemerkt.

Diese Unachtsamkeit und panische Angst vor Schmutz – wie reimt sich das zusammen? Alle Hinterlassenschaften wollen die Menschen immer gleich aus dem Kopf haben. Wenn dir mal ein Unglück passiert auf dem Gehweg, zerren sie dich an der Leine gleich weiter, gucken sich allenfalls um, ob's auch sonst keiner gemerkt hat. Und wenn nicht, gehen sie frohgemut weiter, haben's sofort vergessen, aus den Augen, aus dem Sinn. Könnten's ja aufheben und wegwerfen, wo es niemanden stört. Ich meine, du selber kannst das ja nicht. Und hätten dich ohnehin an eine Stelle führen können … Na ja.

Wahrscheinlich deshalb bleibt ihnen ein kleines Unbehagen, kaum merklich. Das verstärkt sich dann, wächst, und plötzlich sehen sie allüberall nur noch Dreck. Merken nicht, dass der sich im eigenen Kopf angesammelt hat. Werden richtig ungemütlich damit. Oder eklig. Jedenfalls sonderlich. Mögen sich selbst nicht mehr. Klar, wie sollen sie da dich mögen.

Ja, so ähnlich reimt sich das zusammen. Aber tiefer wollen wir lieber nicht schürfen. Im Einklang mit sich sind Menschen selten. Dabei gibt nur das einem Wesen Würde. Versteh einer das. Und komisch auch, dass ich am Ende fast eines jeden Kapitels auf ein kleineres oder größeres Rätsel der Menschenwelt stoße.

# *Das kannst du ja nicht riechen – die Wunderwelt der Nase*

Bekanntlich können wir unsere Ohren spitzen, allein über siebzehn verschiedene Muskeln verfügen wir, um unsere Lauscher in Stellung zu bringen. Wir können Frauchen und Herrchen von fern an ihren Schritten erkennen, wenn sie endlich kommen, schon ihr Auto, eine leichte Übung. Wir hören, ob da ein Fremder sich nähert oder sie. Überhaupt ist unser Hörbereich wesentlich größer als der des Menschen. Sogar einzelne Töne vermögen wir auszuschließen im inneren Ohr, das heißt, wir können weghören, auf Durchzug stellen, oder einfach auswählen, was wir wahrnehmen wollen. Denn wieviel wichtiger ist das erwartungsheischende Knuspern von Wurstpapier als irgendein lauter Befehl. Mitten im Schlaf kriegt man doch mit, wenn Frauchen oder Herrchen zum Mantel greifen oder zu ihren Ausgehschuhen, jaha.

Auch sind wir mit den Augen bestens zu Fuß, die kleinste Bewegung merken wir gleich – aber noch besser können wir mit der Nase sehen! Riesige Riechbilder allerorten, was sage ich, *Riechgemälde,* Breitwand und dreidimensional, mit Rundumton, das werden Menschen sich kaum ausmalen, außer vielleicht Ulrich Klever, der diese schöne Übersetzeridee hatte: Nicht, wie es heißt, »in den Wind geschrieben«, ganz im Gegenteil, denn im Wind kannst du lesen.

Richtig wie Zeitunglesen ist das, im Park, an der Ecke, im Viertel, kennst jeden Schwanz, jedes Winkelchen. Das ist nicht so langweilig wie's Zeitunglesen der Menschen, nein, ganze Romane stehen da an Bäume und Mauern geschrieben. Wer war grad da, welche Laune, woher des Wegs und wohin, hier liefen Kinderschuhe samt Kind übern Weg, da die alte Frau von nebenan, die sich immer so stark parfümiert, dass du niesen musst.

Na, überhaupt niesen, das pustet die Nase schön durch, und nun mal aufs Neue, zum Beispiel beim Metzger, hach, all die Aromen da, die verschiedenen Fleischsorten und wie sie verarbeitet sind; ob sie frisch sind, merkst du sofort, da mieft noch das Östrogen des Schweins im Schnitzel und das Salz in der Wurst. Salz kann man nicht schnüffeln? Das glaubt auch nur ein Mensch. Noch in zehntausendfacher Verdünnung stellst du es fest.

Oder das Universum im Eisschrank deiner Menschen, so nah, und klar kriegst du mit, was dir da nach und nach zuwächst. Hat die Kalbsleberwurst nicht schon eine ziemlich morbide Fahne, wann merkt Herrchen das endlich, oder Frauchen, wie lange wird ihr der Käse noch zusagen, sie wird ihn doch nicht ganz allein zu Ende essen? He, Frauchen, dein Käse müffelt schon ziemlich, kann dir gar nicht mehr munden. (Seltsam eigentlich: Menschen essen auch mit den Augen. Was sie wohl mit ihrer Nase tun?)

Und durchs Brathuhn hindurch schmeckst du den gackernden Flattermann, wenn du je Gelegenheit hattest, einen kennenzulernen. Hach, wenn du da reinspratzst, in so 'ne Gackerich-Versammlung, kreisch und huch, und wie die dann immer noch tuckern und mickern, wenn du schon längst wieder Ruhe gegeben hast. Ist verboten, ich weiß, und sogar das riechst du dem Gockelschenkel da auf dem Küchentisch an. Hühner, fällt mir dabei ein, sind auch Zweibeiner, aber tut nichts zur Sache.

Und natürlich das Schlaraffenland, der Laden des Hundefutterverkäufers, wie da in Schnappmaulhöhe die herrlichsten Dinge herumriechen. Könntest du einfach so einschlürfen, Ochsenfiesel und Schweineohren, Kauknochen und Knusperkekse, jede Menge, jede Sorte, und die großen Belohnungsbonbons ganz oben links oder die kleinen Trostkräcker unten rechts. Und das alles zusammen als einzelne Blume und als eine ganze

Riechsymphoniewolke, ein Duftstrauß - und hoffentlich nimmt Herrchen nicht wieder die Dosen mit dem scheußlichen Weißnichtmehrwasdaswar.

Keine Ahnung, ob ich mich Menschen verständlich machen kann, ob sie's *erfassen* oder zu *begreifen* vermögen. Schon diese Worte sprechen ja Bände. Sie können Farben und Formen und Oberflächen, sogar Klänge beschreiben, aber die wirklichen Wohlgerüche, Düfte oder Muffel und Stinkestank, Schnuppersachen eben, entziehen sich ihrer Nase. Haben kein ordentliches Organ dafür. Verfügen eben nicht über unsere dreihundert Millionen Riechzellen, sondern höchstens über deren fünf, und mit denen wissen sie auch nicht viel anzufangen, weil ihr Gehirnbereich für den

Geruch etwa vierzigmal kleiner ist als unserer. Ja, Menschen sind Kümmerlinge, denn all das Erwähnte muss man dazu noch in den winzigsten Molekülen erkennen, ordnen, voneinander unterscheiden und abspeichern in einem differenzierten Düftegedächtnis. Schreiben andere Romane drüber, für uns 'n glatter Klacks. Ist auch kein Wunder bei Wesen wie uns, die Ruchzeichen setzen für andere, die einander zum Erkennen und zur Begrüßung beriechen und deren erstes Erlebnis nach der Geburt der wundervolle Brodem der mütterlichen Milchquelle ist.

Die Welt ist und bleibt eine einzige Nasenorgel. Welcher normale Hundegenosse fände nicht nach Hause zurück, aber lässig, es sei denn in verwirrender Großstadt, welcher Jagdhund spürte nicht den Hauch jedes Wilds, welcher Spürhund könnte nicht unter Tausenden einen bestimmten herausfinden, selbst wenn sein Dunst schon von Tagen verschleiert, welcher Lawinenhund entdeckte nicht den einen Verunglückten noch unter sechs Meter dickem Schnee, sicherer als Radar und Magnetsonden oder was Menschen sich sonst noch alles ausdenken, um ihren Riechkolben Krücken zu verleihen. Na, welcher Zollhund fände nicht die Witterung all jener heimlich versteckten Drogen, selbst in verlöteten Dosen noch und mit Versteckespray überzogen. Ist doch ein Kinderspiel, Quatsch: Hundespiel!

Wie erst die intimeren Düfte von Schuhen und Hosen, all das, du könntest die ganze Menschheit zusammenstellen und fändest deinen einzigen doch da heraus, du atmest ihn ja, selbst mit verbundenen Augen, deinen Einzigartigen, mit seinem einmaligen Bukett, deinen Geliebten mit all seinen fludrigen Wahnsinnsgerüchen, die er selbst nicht kennt, weil er sie überdies zudeckt mit Seife, Parfüm. Sogar unsere Bude räuchert er noch voll mit seinen beißenden Stinkadores, schwängert die Luft damit, was soll ich sagen, verpestet das Universum sogar draußen, mit seinen stickigen, gasigen Autofürzen. Ich schweife ab.

Düfte gibt es, also wie erkläre ich das. Süße und saure, kalte und warme, stachelige, spitzige oder kantige, weiche und runde oder faltige, mürbe, morsche, marschige, aber auch katzenförmige, elefantige, zweibeinige. Alte und junge, ja, Kinder riechen gut! Dicke und dünne, seidige und welche, die wie Schmirgelpapier durch dich hindurchraspeln. Ach, viel mehr noch. Das könnt ihr euch nicht vorstellen, ihr Kurzschniefler?

O ihr nasenlosen Menschen, wie veranschauliche ich euch das. Nehmt eine beliebige, nein, diese ganz bestimmte Straßenecke hier in der Stadt, und vergesst alles, was sich nicht bewegt, die Straße, die Schilder, die Häuser, nur die Bäume und Büsche nicht, nicht das Gras, und dann stellt euch vor, ihr seht, was ich rieche.

Der Bodenbelag besteht nicht aus Beton oder Asphalt, sondern aus reinsten Wimmelgerüchen, da ging vorhin das Kind mit den Turnschuhen, ein Mädchen. Und jetzt gerade, schräg drüber, läuft da eine Frau, sie isst ein Käsebrot, das den halben Weg wieder zudeckt. Drüben quert ein Mann, seine Füße hat er sich heute morgen jedenfalls nicht gewaschen. Kurz fliegt eine dicke undurchsichtige Wolke durchs Bild, die aus angenehmem Babyduft besteht, zum Teil aber aus ekligem Räucherdunst, der Mann raucht eine dicke Zigarre, Hut aus Pomade, ein Kinderwagen rollt vorbei und schreit.

Halt. Hier gleich schnüffelte gestern früh eine Hündin am Baum, und gestern abend hat ein großer fremder Rüde darübermarkiert. Von der Hausecke flattert eine Fahne aus verschiedensten Markierdüften herüber.

Momentchen, ich will das mal schnell auseinander dröseln. Ja, alles bekannte Hunde aus dem Viertel. Muss

auch schnell zwei Tröpfchen absetzen. So, da bin ich wieder.

Vor kurzem, vielleicht eine halbe Stunde her, huschte hier eine Katze vorbei, eine Maus hat sie aber nicht gefangen. Hat sie nicht gekriegt, hähä!

Drüben ist die Metzgerei, von der ich erzählt habe, die mit der salzigen Wurst, kenn' ich schon auswendig. Heute gibt's Lamm, sicher im Sonderangebot, denn das Fleisch gründelt schon ein wenig, muss weg. Gerade kommt ein Pärchen heraus, hat einen ordentlichen Batzen davon eingesackelt.

Dazwischen brummen immer wieder Autos vorbei, die mit ihren Hinterlassenschaften das Bild für kurze Zeit verdecken. Der Modeladen gegenüber – können es einfach nicht lassen, ihre Schaufenstersimse mit widerlichem Spray zu benetzen, soll Hunde abschrecken, und ich mach' auch lieber einen großen Bogen, echt ätzend das.

Da joggt ein junger Mann, riecht ulkig, schön ranzig nach Schweiß und dazu noch nach dem Rasierwasser, das Herrchen leider auch benutzt, komische Mischung, anunangenehm, will ich mal sagen.

Das ganze Bild wackelt plötzlich. Ein Specht fliegt vorüber, stellt euch vor, mitten in der Stadt, hat die Nuss im Schnabel, die Herrchen ihm täglich hinlegt.

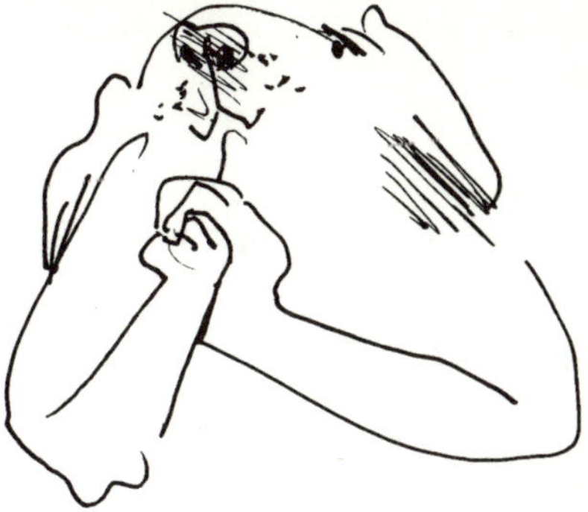

So, ich muss weiter. Hab' mich schon lange mit euch aufgehalten, mein lieber Mensch ging gerade um die Ecke, nach Hause. Gleich hab' ich ihn wieder eingeholt - der und mir entkommen! Lässt 'ne heimelige Fahne ellenlang in meine Nase flattern.

Ah, Frauchen ist inzwischen auch heimgekommen, ihre Fußspuren gehen quer am Boden durchs Bild. Ich vermute, sie war noch beim Bäcker. Mal sehn.

Mein großes Geschäft habe ich übrigens heimlich, still und leise, ihr habt's ja auch nicht gemerkt, unter einem dichten Busch erledigt, wo's kein Mensch mitbekommt, ist doch klar.

So seht ihr das Nasengemälde, es hat Tiefe und Zeit, es enthält jede Menge Töne, sogar Gefühle, und das alles zusammen, jetzt, riecht ihr es nicht? Vielleicht ahnt ihr es wenigstens? Immer noch nicht? Gebt euch halt Mühe.

Mag sein, euch Menschen hilft das abstraktere Zeug – also ein wenig hundemäßige Erkenntnistheorie gefällig? Bitte:

Die Welt ist alles, was Geruch ist. Die Dinge, wie sie wirklich sind, bilden sich ab in deinem Nasenspiegel, aber nicht als Schatten, als Abbilder, sondern als Universum selber – die Welt durch die Nase, die wiederum die Welt ist. So ist das nämlich. Hättet ihr nicht gedacht?

Es riecht ja buchstäblich alles. Eine Wiese, meint ihr, sei grün und stumm? Na, da nehmt mal unser Nasenfernrohrmikroskop, oder wie soll ich das für euch übersetzen. Grün wäre nicht einfach nur grün, sondern eine Komposition aus vielen Farben, wie ihr's sehen würdet. Von der kleinsten Zellfaser über das einzelne Hälmchen und jenem Büschel da bis hin zur großen Fläche wär' alles in einem Blick, einem Augenblick, von der winzigsten Einzelheit bis zur gesamten Gestalt, nass oder trocken, am Morgen oder nach Sonnenuntergang. Nein, eine Wiese lebt, sie ist laut. Horcht, es wird dunkel! Und das Gras duckt sich unter tausend Düften, und es riecht selber, dazu unter der Erde noch, jetzt, schaut nur, eine Wiese kann sogar lächeln. Hättet ihr nicht gewusst? Muss ich euch mit der Nase drauf stoßen?

Seht ihr, so weit geht das mit der Menschenliebe. Immer hofft man, der andere werde einen verstehen, möge spüren, was in einem Hundekopf vor sich geht. Ist nämlich gar nicht so wenig, wie ihr vielleicht mitbekommen habt. Von Zeit zu Zeit, das ahne ich schon, wird man euch Menschenkinder daran erinnern müssen. Geht aber klar. Wir Hunde bleiben Menschennarren. Verguckt bis zum Gehtnichtmehr. So sind wir halt.

Andererseits sind
Hunde und Menschen